JULES SANDEAU.

VALCREUSE

II

PARIS
DESESSART, ÉDITEUR,
8, RUE DES BEAUX-ARTS.

M DCCC XL VII

VALCREUSE.

ROMANS
DE MADAME LA COMTESSE DASH.

	vol.	fr.	c
Le Jeu de la Reine.	2 in-8	15	»
Madame Louise de France.	1 in-8	7	50
L'Écran.	1 in-8	7	50
Madame de la Sablière.	1 in-8	7	50
La Chaîne d'or.	1 in-8	7	50
Le Fruit défendu.	4 in-8	30	»
La Marquise de Parabère.	2 in-8	15	»
Les Bals masqués.	2 in-8	15	»
Le Comte de Sombreuil.	2 in-8	15	»
Le Chateau de Pinon.	2 in-8	15	»
La Poudre et la Neige.	2 in-8	15	»
Madame la Princesse de Conti.	2 in-8	15	»
Mademoiselle de la Tour du Pin.	2 in-8	15	»

	vol.	fr.	c
Le Meunier d'Angibault, par *George Sand*.	3 in-8	22	50
Les Grotesques, par *Th. Gautier*.	2 in-8	15	»
Milla et Marie, par *Jules Sandeau*.	2 in-8	15	»
Le Café de la Régence, par *A. Houssaye*.	2 in-8	15	»
Une Larme du Diable, par *Th. Gautier*.	1 in-8	7	50
La Comédie de la Mort, par *Th. Gautier*.	1 in-8	7	50
Suzanne et la Confession de Nazarille, par *E. Ourliac*	2 in-8	15	»
Fernand, par *Jules Sandeau*.	1 in-8	7	50
Deux Trahisons, par *Auguste Maquet*.	2 in-8	15	»
Teverino, par *George Sand*.	2 in-8	15	»
Catherine, par *Jules Sandeau*.	2 in-8	15	»
La Mare au Diable, par *George Sand*.	2 in-8	15	»
Lucrezia Floriani, par *George Sand*.	2 in-8	15	»
Les Roués innocents, par *Théophile Gautier*.	1 in-8	7	50
Militona, par *le même*.	1 in-8	7	50

Sous Presse :

	vol.
L'Étoile d'Orient, par Mme la comtesse *Dash*.	2 in-8.
La Peau de Tigre, par *Théophile Gautier*.	2 in-8.
Le Piccinino, par *George Sand*.	2 in-8.
Or et Fer, par *Félix Pyat*.	2 in-8.

Impr. de E. Dépée, à Sceaux (Seine.)

JULES SANDEAU.

VALCREUSE

II

PARIS
DESESSART ÉDITEUR,
8, RUE DES BEAUX-ARTS.

M DCCC XL VII

1848

I

Par une de ces belles soirées, si rares dans nos climats, si communes sous le ciel de l'Inde, la frégate l'*Invincible* était à l'ancre. M. de Valcreuse se promenait sur le pont de son navire; il attendait avec anxiété le courrier de France. Les dernières nouvelles qu'il avait reçues étaient d'une nature tellement alarmante qu'un retard de quelques jours suffisait pour le troubler. Que devenait son pays ? que devenait sa famille ? Depuis trois ans, les évènements les plus imprévus se succédaient avec tant de rapidité que, sur le théâtre même où ces évènements s'accomplissaient, l'esprit le plus clairvoyant aurait eu peine à deviner le lendemain. Que devait-il donc se passer dans l'âme de ceux qui placés, comme M. de Valcreuse, à quelques mille lieues de la mère-patrie, tournaient vers elle leur pensée haletante et ne recevaient que des nouvelles déjà vieilles de plusieurs mois ?

On n'a pas oublié dans quels sentiments Hector avait quitté la France. Désespérant d'amener à lui le cœur de Gabrielle, il avait cherché dans les voyages, dans les dangers, dans la gloire, une diversion aux ennuis qui le minaient. Ces délices de la famille que sa sœur et l'abbé lui avaient vantées si souvent, il n'avait guère eu le temps de les connaître ; les goûts aventureux qui avaient rempli sa jeunesse n'avaient pas eu le temps de s'éteindre dans l'atmosphère de la vie domestique : une étincelle avait suffi pour les rallumer. Mais le danger, mais la gloire n'étaient pas venus. Il avait rêvé des combats, et, sur cette frégate qu'il avait foudroyée et prise à l'abordage, il ne trouvait que l'oisiveté. Obligé de se replier sur lui-même, il interrogeait sévèrement son passé : il se demandait avec inquiétude, presque avec effroi, s'il n'avait pas désespéré trop tôt du bonheur, s'il avait fait, pour gagner le cœur de sa femme, tout ce qu'il devait faire. Il se rappelait l'émotion de Gabrielle au moment de l'appareillage; il se rappelait son œil belliqueux, son front illuminé, quand de sa main elle caressait les canons de la frégate; il se rappelait sa douleur, son étreinte convulsive à l'heure des derniers adieux. Qu'elle était belle alors! qu'elle était touchante! N'y avait-il pas dans son égarement, dans ses prières éplorées, une promesse, un encouragement qu'il n'avait pas su comprendre? Elle le suppliait de rester; pourquoi était-il parti? Dans ce cri échappé de son âme, n'y avait-il pas toute la tendresse dont il avait douté jusque-là? Le spectacle de la mer, la joie du commandement avaient d'abord assoupi ses regrets; mais bientôt l'inaction les avait réveillés plus vifs, plus cuisants. Les dangers fuyaient devant lui; la gloire se dérobait à son impatience. Son cœur se réfugiait tout entier dans la famille qu'il avait quittée. Parfois il était le jouet d'un mirage étrange, enivrant. Ce qu'il voyait à l'horizon, ce n'étaient pas des villes enchantées, des coupoles éblouissantes, des oasis embaumées; c'étaient les tours héréditaires de son château, c'était la fumée de son foyer, c'était un groupe charmant: sa sœur, l'abbé, Irène, Gabrielle, qui lui souriaient, qui l'appelaient, qui lui tendaient les bras.

Il y avait déjà plusieurs mois que M. de Valcreuse était sans nouvelles. Il avait envoyé son canot à la ville ; il en attendait le retour avec d'autant plus d'impatience qu'il espérait, par ce courrier, recevoir ses lettres de rappel. Enfin il le vit paraître ; les matelots faisaient force de rames. Appuyé sur le bastingage, entouré de son équipage, Hector le contemplait avec avidité, l'attirait du regard : cette frêle embarcation, c'était la patrie, la famille, qui venaient le visiter. Le canot accosta le navire, un enseigne s'élança sur le pont et remit au capitaine un paquet de dépêches.

Il faut avoir vécu loin de son pays pour comprendre tout ce que la vue seule d'une lettre peut éveiller de bonheur et d'effroi. Que va-t-elle nous apprendre ? quelle tête chérie aurons-nous à pleurer ? pour quel vœu exaucé aurons-nous à remercier la Providence? Notre jeune sœur est-elle mariée? Reverrons-nous encore notre vieux père? Hector saisit avidement les dépêches et s'enferma dans sa chambre. Resté seul, il brisa le cachet, et, parmi les lettres qui s'échappèrent, reconnut aussitôt l'écriture tracée par des mains aimées. Le trésor était complet : Irène, Mademoiselle Armantine, l'abbé, Madame de Valcreuse, aucun de ces êtres adorés n'avait manqué à l'appel de son cœur. Il prit tour à tour chacune de ces lettres, se demandant laquelle il lirait la première, par laquelle des quatre il devait commencer. Enfin, par un sentiment que chacun de nous comprendra, il mit à part la lettre de Gabrielle, se réservant de la lire après les trois autres.

« Château de Valcreuse, 8 septembre 1791.

« Depuis ma dernière lettre, cher Hector, notre existence a pris une face nouvelle. Je laisse à l'abbé le soin de vous entretenir des affaires publiques. Seulement, soyez en garde contre ses prophéties, car il voit tout en noir. Dès que le roi le voudra, il saura bien mettre à la raison les brouillons dont tout le monde parle aujourd'hui et dont personne peut-être ne se souviendra dans un mois. Croyez-moi, cher Hector, jamais la France n'a été plus heureuse : jamais l'avenir ne s'est annoncé sous des couleurs plus séduisantes. Je ne veux vous entretenir aujourd'hui que de votre famille. Depuis que vous êtes parti, le château n'avait pas encore été aussi gai.

Nous avons ici un hôte charmant. M. Gustave de Kernis, qui nous est arrivé avec une lettre de recommandation de notre vieil et cher amiral. Madame de Valcreuse a d'abord refusé de le voir; mais enfin elle a consenti, et dès-lors, rien n'a plus manqué à l'agrément de nos réunions. Par sa grâce, par son élégance, par la gaîté de sa conversation, M. de Kernis devait avoir raison de l'humeur sauvage de Gabrielle. Je ne pense pas, mon frère, avoir jamais rencontré à la cour un gentilhomme plus accompli. En l'écoutant, en lui donnant le bras, en parcourant avec lui nos paisibles campagnes, je songe malgré moi au chevalier de R... et au marquis de C... Bien qu'étranger à Versailles, il semble avoir passé toute sa vie à l'Œil-de-Bœuf ou au petit-lever, tant il a d'aisance et de noblesse. Je vous le répète, mon frère, je n'ai jamais connu de plus parfait cavalier.

« Il n'a pu voir Irène sans l'aimer. Quant à Irène, dont vous connaissez l'humeur vive et enjouée, quand une fois elle l'attaque, sa langue ne s'arrête plus : ce sont des espiègleries, des rires sans fin, d'aimables folies qui me rajeunissent et me reportent aux plus belles années du règne de Sa Majesté Louis XV. Le beau règne, mon frère! C'est alors qu'on savait aimer! M. de Kernis n'a pas encore demandé la main d'Irène ; mais, au point où en sont les choses, il ne peut ajourner longtemps le tendre aveu que je prévois. Il est trop bien né pour compromettre, par ses assiduités, une fille de bonne maison. J'espère donc vous annoncer, dans ma prochaine lettre, le mariage de notre chère Irène. Si vous pouviez y assister, notre bonheur serait complet.

« Votre affectionnée sœur,

« Armantine de Valcreuse. »

M. de Valcreuse avait rencontré autrefois le père de M. de Kernis; il connaissait le rang et l'ancienneté de cette famille. Il se réjouit donc à la pensée du prochain mariage d'Irène. Il ne put s'empêcher de sourire du tour galant que sa sœur savait donner à ses confidences et du regard attendri qu'elle jetait sur ses belles années. Cette lettre, malgré son ton frivole, le toucha pourtant, car il savait tout ce que mademoiselle Armantine cachait d'affection sincère, de dévoûment vrai sous la légèreté de son langage.

Irène lui disait :

« Si vous étiez ici, mon cher cousin, peut-être sauriez-vous m'expliquer ce qui se passe dans mon cœur. Vous êtes absent, je vous regrette, et pourtant je suis heureuse, je suis gaie ; jamais la vie ne m'a semblé si légère, si facile à porter. Qu'est-il arrivé ? rien, vraiment. Votre sœur est toujours bonne, toujours excellente pour moi. L'abbé, quoique toujours un peu prêcheur, n'a rien perdu de sa bonhomie et se prête à mes enfantillages avec la même patience.

Gabrielle est toujours pour moi la sœur adorable que vous savez. Qu'est-il donc arrivé? moins que rien : nous avons un beau jeune homme que j'ai rencontré au bal. Il vient souvent ici, je ne sais trop pourquoi. Il s'appelle Gustave de Kernis. On dit qu'il a vingt-six ans ; mais, vrai, il ne paraît pas les avoir. Il y a tant de grâce, d'élégance et de souplesse dans chacun de ses mouvements, qu'il semble avoir vingt ans tout au plus. Mademoiselle Armantine, qui s'y connaît, assure qu'il a les manières et le ton de la cour.

« Il possède un charme qu'on ne saurait définir. Ici tout le monde l'aime. Gabrielle, qui d'abord ne voulait pas le voir, se mêle à toutes nos parties depuis qu'elle l'a vu.

Grâce à lui, les journées sont maintenant des heures. Il arrive le matin et dîne au château; le soir, nous l'accompagnons à mi-chemin. Il demeure dans le Marais; il est presque notre voisin. Toutes mes espiègleries sont de son goût, toutes mes réparties l'enchantent; on dirait qu'il est de mon âge. Voilà comment s'écoule notre vie. Y a-t-il là de quoi m'égayer, de quoi me rendre si heureuse? Dites-le moi, mon cher cousin, ou plutôt venez me le dire.

« Savez-vous que j'ai dix-huit ans et qu'il serait grand temps de songer à me marier? Pensez-vous à ma corbeille? Il me faut au moins trois cachemires. Je ne vous dis pas les couleurs que je préfère; ce serait vous montrer de la défiance et je m'en voudrais toute ma vie.

« Adieu, mon cher Hector. Je vous embrasse; à bientôt, n'est-ce pas?

« Votre cousine,

« IRÈNE. »

— Ma sœur a raison, se dit M. de Valcreuse en achevant cette lettre; ils s'aiment. Si la France est agitée, du moins ma famille est heureuse. Il me reste encore un coin de terre où ma pensée peut se reposer en paix.

Puis il ouvrit la lettre de l'abbé :

« Mon cher Hector,

« Depuis ma dernière lettre, tout est bien changé. La France, qui semblait n'avoir d'autre passion que la justice et la liberté, foule aux pieds sans respect, sans pudeur, les droits les plus sacrés, les institutions les plus vénérables. Ce n'est plus de liberté qu'il s'agit maintenant; l'anarchie règne en souveraine. Le prestige séculaire de la royauté s'évanouit. Nous venons de voir le roi et sa famille arrêtés comme des fugitifs et ramenés comme des prisonniers. Les principes les plus téméraires, les rêves les plus audacieux marchent le front levé. Puisque vous aimez sincèrement notre patrie que vos aïeux ont servie si glorieusement, votre place n'est plus dans les mers de l'Inde, mais ici même, au cœur de la France. C'est ici seulement que vous pourrez accomplir les devoirs que la Providence vous impose. C'est ici seulement que vous pourrez vous montrer digne du nom de vos aïeux.

« Vos devoirs de citoyen ne sont pas d'ailleurs les seuls qui vous rappellent ici. Je suis inquiet, mon cher Hector; je suis inquiet sans savoir pourquoi. Depuis l'arrivée d'un nouvel hôte, depuis l'arrivée de M. de Kernis, la vie du château s'est animée; les journées s'écoulent dans une douce intimité, et pourtant je suis inquiet. Mademoiselle Armantine qui, vous le savez, n'est pas et n'a jamais été la clairvoyance en personne, s'entête à soutenir que M. de Kernis a une affection décidée pour Irène. Moi-même, je l'ai cru d'abord, j'ai cru que c'était un mari pour votre cousine. D'où vient cependant qu'il ne s'est pas encore déclaré? qu'attend-il? Revenez au plus vite, revenez pour ne manquer à aucun de vos devoirs. Les périls de la royauté ne permettent pas à un Valcreuse de demeurer loin de son roi : l'affection que vous portez à votre famille ne vous permet pas de la laisser plus longtemps sans chef et sans guide. Revenez, mon cher Hector, revenez, je vous en conjure. N'écoutez pas les paroles étourdies de mademoiselle Armantine qui n'a pas su vieillir. Croyez-en mon expérience ; si je n'ai pas affronté moi-même les orages de la passion, si je n'ai pas quitté le port, je connais pourtant les présages, les signes avant-coureurs de la tempête; votre place est parmi nous. La dynastie aux abois vous rappelle en France; le repos de votre famille vous rappelle à votre foyer. Au nom de notre vieille et constante amitié, ne perdez pas un instant pour défendre la royauté; ne perdez pas un instant pour défendre notre bonheur.

« Gervais. »

A la lecture de cette lettre, M. de Valcreuse fut saisi d'un frisson mortel. Comment expliquer la sourde inquiétude de l'abbé? Comment la concilier avec la sécurité de mademoiselle Armantine, avec la gaîté d'Irène ? Que se passait-il donc au château ? Que s'était-il passé depuis le jour où l'abbé avait écrit ces lignes empreintes d'une paternelle, d'une ardente sollicitude ? Hector prit dans ses mains la lettre de Gabrielle et la froissa convulsivement : il n'osait plus l'ouvrir.

Cependant, après quelques moments d'hésitation, il se prit à sourire. Le bonheur d'Irène était seul menacé. L'abbé s'alarmait avec raison de l'imprudence et de l'aveuglement de mademoiselle Armantine ; mais il exagérait le danger, le mal n'était pas sans remède.

Cette réflexion le rassura, il ouvrit la lettre avec bonheur. L'effroi même qui avait traversé son cœur venait de lui montrer à quel point il aimait Gabrielle. Il rompit le cachet, et, avant de lire, porta les feuillets à ses lèvres, comme pour demander pardon à sa femme d'avoir douté d'elle un seul instant.

« Pourquoi êtes-vous parti? pourquoi m'avez-vous quittée, au moment où notre bonheur commençait à peine? Quand je vous ai vu pour la première fois, vous aviez renoncé à la vie de mer ; vous sembliez résolu à ne chercher d'autres joies que les joies de la famille. Vous paraissiez prendre en dédain et presque en pitié tous les hochets dont se compose la renommée. Quel motif impérieux, quelle cause puissante et inconnue a changé subitement toutes vos résolutions? La gloire est-elle maintenant pour vous plus séduisante qu'autrefois? Les joies du foyer qui vous souriaient, qui vous semblaient assez riches, assez variées pour absorber toutes vos facultés, ont-elles perdu à vos yeux toute leur valeur? En vérité, plus je pense à votre départ, plus je cherche à me l'expliquer, et plus je me perds en conjectures. J'ai beau interroger mes souvenirs, me rappeler jour par jour toutes les paroles qui vous sont échappées, il m'est impossible de trouver dans le passé la raison du présent. Jeune, envié, indépendant par votre fortune, appelé par votre mérite aux plus hautes destinées, vous aviez préféré le bonheur au bruit; vous m'aviez choisie pour votre compagne, et votre choix dont j'étais fière était pour moi un témoignage éclatant de confiance. En me jugeant digne de votre nom, vous sembliez me dire que vous vouliez désormais m'associer à toutes les fêtes comme à tous les chagrins de votre existence. Et cependant vous êtes parti, vous êtes parti sans m'expliquer cet abandon inattendu. Le service du roi vous réclamait? Le rang de vos aïeux vous défendait l'oisiveté? Est-ce là, dites-moi, votre unique réponse? Pour imposer silence à mes regrets, pour fermer la bouche à ma tendresse, pour étouffer mes plaintes, n'avez-vous aucune parole plus consolante et plus douce?

« Vous m'avez ouvert votre maison; votre sœur est devenue la mienne, vos amis sont devenus les miens, et quand je me préparais à jouir de tous les biens dont vous m'aviez comblée, vous êtes parti comme si vous ne laissiez derrière vous qu'une âme ingrate, incapable de vous comprendre. Dites-moi, je vous en conjure, dites-moi pourquoi vous m'avez quittée. Avez-vous douté de ma reconnaissance et de mon affection? Je crains de vous avoir éloigné de moi en ne vous montrant que la moitié de moi-même; vous n'avez vu en moi qu'une épouse respectueuse et soumise, l'épouse tendre et dévouée vous est demeurée cachée.

« Ah! si Dieu, prenant pitié de ma faiblesse, vous eût permis de lire dans ma conscience, vous m'eussiez appelée dans vos bras. Songez à l'éducation que j'ai reçue, à la vie que j'ai menée avant de vous connaître, et ne vous étonnez pas de mon embarras et de mon silence. Destinée au couvent, j'étais habituée depuis longtemps à renfermer en moi-même tous les sentiments qui m'agitaient.

« Quand vous m'avez choisie pour votre compagne, la reconnaissance aurait dû délier ma langue, et je n'ai pas su parler ; vous avez douté de moi, je le sens aujourd'hui ; et c'est moi seule que je dois accuser. Vous êtes parti croyant ne pas me laisser de regrets, et mon silence vous donnait le droit de le croire.

« Et pourtant, à l'heure suprême des

adieux, n'avez-vous pas vu mon trouble et mon effroi? Que vous ai-je dit? je ne le sais plus maintenant. Je voulais vous retenir ; mon dernier regard ne vous l'a-t-il pas dit?

« Revenez, je vous en conjure, revenez, j'ai besoin de vous. Quand vous étiez près de moi, je n'ai pas su vous dire ce qui se passait au fond de mon âme ; la solitude m'a révélé toute l'étendue de ma faute. Revenez, renoncez à la gloire nouvelle que vous êtes allé chercher. Votre nom est assez beau, assez grand pour faire envie aux plus ambitieux. Vous avez fait vos preuves, et vous pouvez vous reposer sans craindre qu'on gourmande votre oisiveté. Je vous aime, je vous appelle, refuserez-vous de m'entendre? Je vous aime, je trouverai pour vous le dire des paroles dignes de vous; ne voulez-vous pas les écouter? Noble et généreux, ne m'avez-vous montré le bonheur que pour me le dérober au moment où j'allais en jouir? La solitude m'accable, ma raison se trouble et s'affaiblit; ma volonté ne sait plus où se prendre et succombe à la tâche.

« A chaque heure du jour vous me manquez; votre présence est nécessaire à mon repos; séparée de vous, je doute de moi-même, et je n'ai confiance dans aucune de mes pensées. J'aurais en vous un juge et un ami qui m'affermirait en m'éclairant. Que ne puis-je vous raconter toutes mes inquiétudes, toutes mes défaillances?

Je sais que vous m'aimez, je l'espère, j'ai besoin de l'espérer. Si vous ne m'aimiez pas, si la pitié seule, une pitié généreuse, vous avait décidé à me sauver du cloître, c'est à votre pitié que je m'adresserais. Accomplissez jusqu'au bout l'œuvre de bienfaisance que vous avez commencée; n'abandonnez pas, ne livrez pas au découragement le cœur qui a mis en vous toute son espérance. C'est une prière, c'est un cri de détresse que je vous envoie.

« Je vous implore, je vous appelle comme un sauveur. Au nom de la tendresse que vous m'avez inspirée, au nom de l'estime profonde que je vous ai vouée, je vous supplie de revenir. Ah! je suis mal habile, je le crains bien. Je ne trouve pas les paroles qui pourraient vous attendrir et vous ramener près de moi. Soyez bon, soyez généreux, revenez parce que je suis faible, revenez pour me soutenir, me guider. Revenez pour être mon conseil et mon appui; revenez et je vous bénirai. En vous laissant partir j'ai commis une grande faute; en vous cachant combien vous m'étiez nécessaire, j'ai mérité l'abandon, j'ai perdu le droit de me plaindre. Je ne me défends pas, et pourtant j'espère en vous. Je tends les bras vers vous, je vous invoque d'une voix suppliante. Oubliez ma faute, oubliez mon silence qui m'accuse, ne songez qu'à ma faiblese, revenez.

« Oh! mon Dieu, quand je pense à l'intervalle immense qui nous sépare, quand je pense aux jours nombreux qui vont s'écouler avant que ma voix arrive jusqu'à vous, aux jours nombreux qui s'écouleront encore avant que je reçoive votre réponse, mon esprit s'égare. Pourquoi êtes-vous parti?

« GABRIELLE. »

Qui pourrait peindre la stupeur de M. de Valcreuse? Il avait ouvert cette lettre avec un sentiment de bonheur et de sécurité, il la laissa tomber avec un sentiment d'épouvante. Jamais Gabrielle, dans aucune de ses lettres, ne lui avait témoigné cet effroi, cette défiance d'elle-même. Jamais elle ne l'avait rappelé d'une voix où se trahît tant de détresse;

elle n'avait jamais exprimé si vivement les angoisses de l'absence. Quel abîme inattendu s'était ouvert sous ses pas? quels fantômes peuplaient sa solitude? quels spectres menaçants veillaient à son chevet? L'abbé, qui voyait le danger, n'osait-il le signaler tout entier? avait-il dit tout ce qu'il savait? Ces deux lettres s'éclairaient mutuellement d'une lueur sinistre. Irène était-elle la seule pour laquelle il fallût trembler? Pourquoi l'abbé n'avait-il pas nommé Gabrielle? pourquoi Gabrielle n'avait-elle pas nommé M. de Kernis?

Il demeura longtemps abîmé dans ces réflexions. Il aimait Gabrielle; ce n'était pas par pitié seulement qu'il l'avait épousée; il l'aimait d'une affection sincère et profonde ; il reconnaissait maintenant qu'il n'avait pas fait tout ce qu'il devait faire pour conquérir ce noble cœur, cette âme timide et fière ; il sentait que son bonheur était en elle ; ce bonheur, qu'il avait laissé échapper, il se promettait, au retour, de le mériter, de s'en saisir, de le garder à tout jamais. Et voilà qu'un autre allait s'emparer de ce trésor ! Comment le défendre ? comment le disputer ?

La tête entre ses mains, il s'enfonçait de plus en plus dans ce dédale désespéré, quand tout-à-coup il se leva.

— Non, s'écria-t-il, non, c'est impossible ! Non, Gabrielle n'est pas perdue pour moi. C'est une âme loyale qui ne saurait manquer à ses devoirs. Quand la seule reconnaissance l'attacherait à moi, Gabrielle ne briserait pas ce lien sacré. Comment un étranger, un hôte de quelques jours, aurait-il gagné si vite le cœur qui s'était fermé devant moi? Non, Gabrielle n'est pas parjure; elle m'a promis de porter mon nom, de le garder sans tache, de veiller sur l'honneur de ma maison; elle n'a pas trahi ses serments. M. de Kernis est de noble race : peut-il mentir au sang de ses aïeux, abuser lâchement de l'hospitalité? Entre une jeune fille dont le cœur et la main sont libres et une femme qui ne s'appartient pas, peut-il hésiter? Irène est belle : comment ne l'aimerait-il pas? Elle peut être à lui :

comment ne serait-il pas heureux de posséder sans trouble et sans remords tant de grâce et de jeunesse?

En se parlant ainsi, il marchait à grands pas, et l'espérance renaissait dans son cœur.

— Elle m'aime, se disait-il, elle m'aime, et son cri de détresse n'est qu'un cri d'amour. Elle souffre, elle languit loin de moi. Elle a compris, elle aussi, qu'elle se trompait, qu'elle n'avait pas deviné tous les trésors de tendresse enfouis dans mon cœur. Elle souffre et me tend les bras. Elle a raison; pourquoi suis-je parti? Pourquoi m'acharner à la poursuite d'une gloire qui fuit devant moi? La gloire vaut-elle le bonheur que j'avais sous la main? Allons, n'attendons pas plus longtemps. La démission que j'ai offerte avec tant d'instances est acceptée sans doute; sans doute enfin on me rappelle en France. Partons! Toit de mes pères, je vais donc te revoir! Retraite paisible où je suis né, je ne te quitterai plus! Gabrielle, Armantine, Irène, et vous aussi, mon vieil ami, vous tous que j'aime, vous, si dignes d'amour, non; je ne vous quitterai plus!

Et sa main impatiente cherchait, au milieu des papiers épars, la permission de revenir en France, qu'il avait si ardemment sollicitée.

Il aperçut une lettre dont l'écriture lui

était inconnue; il l'ouvrit machinalement, et son regard courut à la signature.

C'était une lettre de la marquise de Presmes.

II

Paris, 5 septembre 1791.

« Je n'étais pas digne de vous. Je ne suis qu'une femme passionnée pour les joies du monde, amoureuse de l'éclat et du bruit. Mon esprit mobile et capricieux, mon caractère frivole, mon cœur avide de distractions, ne pouvaient convenir à un homme tel que vous. Vous vivez, je le sais, dans le commerce assidu des grandes pensées; votre caractère n'est pas fait pour le monde; votre cœur s'émeut difficilement et choisit l'objet de ses affections avec une sévérité légitime, sans doute, mais qui devait m'effrayer. Comment ai-je pu espérer un seul instant que vous abaisseriez vos regards jusqu'à moi? Pour m'inspirer cette folle ambition, il a fallu les conseils imprudents, les encouragement téméraires de votre sœur. Dans les entretiens trop peu nombreux que vous avez bien voulu m'accorder, j'ai appris à vous connaître et j'ai fait sur moi-même un retour douloureux; je me suis avoué, et je ne rougis pas de confesser devant vous toute mon infériorité. Non, je n'étais pas digne de vous. A des âmes telles que la vôtre, il faut des âmes d'élite, habituées aux régions sereines et presque divines vers lesquelles vous vous élevez sans effort. Si Dieu eût consenti à me donner des ailes pour tenter ces régions inaccessibles aux âmes vulgaires, ma plus grande joie, mon suprême bonheur eût été de vous suivre. Peut-être eussiez-vous été assez généreux pour mesurer votre essor sur le mien. Mais Dieu m'avait interdit une si haute destinée ; il m'a refusé les ailes qui pouvaient me rapprocher de vous, et je suis retombée dans le monde ignorant et futile, pour lequel il m'avait faite.

« Le jour où j'ai compris que je devais renoncer à vous, a été pour moi un jour d'abattement et de désespoir. Pouvait-il en être autrement? J'aurais été si heureuse de sentir, de penser avec vous; j'aurais éprouvé une joie si énivrante à deviner, à devancer, à exprimer avant vous les idées qui n'étaient pas encore arrivées sur vos lèvres! Que ne peut l'amour? Si vous l'aviez voulu, il vous eût été bien facile de changer mes habitudes de frivolité. Vous n'auriez eu qu'à me tendre la main pour m'élever jusqu'à vous. Mais je ne méritais pas de vous appartenir, de porter votre nom. Vous dire quelle a été ma douleur, quand j'ai senti que je ne devais pas devenir votre compagne, qu'un rang si glorieux et si digne d'envie m'était à jamais refusé, je ne l'essaierai pas. Ma tristesse a été profonde; aujourd'hui même, mes regrets ne sont pas encore apaisés. Le monde qui s'agite autour de moi, sur lequel je comptais pour me consoler, n'a pas réussi à me guérir. Comment oublierais-je, en effet, qu'il m'a été donné d'espérer que je deviendrais l'épouse d'un Valcreuse, que je pourrais paraître à la cour, appuyée sur le bras d'un héros, du vainqueur de l'*Invincible?*

« Cependant, malgré la vivacité obstinée de ma douleur, je me suis résignée ; le monde le croit du moins, et cette croyance suffit à ma fierté.

« Une pensée m'a soutenue dans cette épreuve terrible : je sentais que j'étais pour quelque chose dans votre bonheur.

Gabrielle seule était digne de vous, et je me félicitais d'avoir, par mes soins assidus, par mes conseils, par mon affection vigilante, préparé Gabrielle à l'honneur éclatant qui lui était réservé; je m'applaudissais d'avoir formé une âme sœur de la vôtre.

« La passion soudaine qui vous entraînait vers ma fille bien-aimée pouvait-elle me surprendre? n'aurais-je pas dû la pressentir, la deviner? Vos deux âmes étaient si bien assorties, si bien faites l'une pour l'autre, qu'elles ne pouvaient manquer de se confondre dans une mutuelle extase. Pour se comprendre, pour s'apprécier, il leur suffisait de se rencontrer. Aussi, malgré l'amertume de mes regrets, en vous voyant offrir votre main à Gabrielle, mon cœur n'a pas ressenti un mouvement de colère; ma bouche n'a pas prononcé une plainte, et j'ai béni la sagesse souveraine qui vous avait éclairé. En contemplant votre bonheur, j'ai tressailli et me suis dit, dans le secret de ma conscience, que je devais m'immoler sans laisser échapper un murmure. Pour ne pas vous affliger, j'ai composé mon visage, j'ai crié silence à mon cœur, et, grâce à Dieu, grâce à mon amour même, j'ai réussi à vous tromper.

« Mon rôle était-il achevé? N'avais-je plus envers vous aucun devoir à remplir? Je ne l'ai pas pensé.

« Uni à la femme que vous aimiez, que

vous aviez choisie, qui par ses hautes facultés, était seule capable de vous comprendre et de s'associer à vos aspirations généreuses, pouviez-vous songer à priver votre pays de vos services? Ne deviez-vous pas à la France le tribut de vos lumières, l'offrande de votre énergie? Pouviez-vous, sans lâcheté, vous enfermer dans votre bonheur? Vivre pour vous seul, oublier votre patrie pour vos devoirs d'époux, eût été méconnaître votre glorieuse origine. Un tel égoïsme était indigne de vous, et j'ai voulu vous en épargner la honte.

« Le gouvernement du roi semblait ne plus se souvenir de vous; les titres qui vous recommandaient, qui vous désignaient au choix du ministre avaient besoin, pour reprendre toute leur valeur, tout leur éclat, d'un avocat fidèle et dévoué. Il y avait là de quoi me tenter : aussi n'ai-je pas hésité. Vous boudiez la gloire, j'ai voulu l'envoyer au-devant de vous. J'avais conservé des amis nombreux et puissants ; je les ai tous intéressés en votre faveur; pour vous, j'ai remué le ciel et la terre. J'ai trouvé dans mon affection une éloquence sur laquelle je n'osais pas compter. Ma voix, tour à tour insinuante et hautaine, a su réveiller toutes les passions qui pouvaient servir au succès de mon entreprise. En vous perdant sans retour, je n'avais pas cessé de vous aimer: me pardonnerez-vous d'avoir eu de l'ambition pour vous?

« Toutes mes espérances ont été comblées; vous avez obtenu le grade qui vous était dû, que vous aviez si bien mérité. Un commandement secondaire pouvait ne pas vous tenter; pour que la séduction fût complète, le ministre vous a confié la frégate que vous aviez vous-même prise à l'abordage; il vous a fait roi du royaume que vous aviez conquis. Ainsi la gloire vous ouvrait les bras; votre destinée s'accomplissait.

« Étais-je quitte envers vous? Le dévoûment d'un amour sincère ne se lasse jamais. Gabrielle restait seule avec le souvenir d'un bonheur à peine entrevu. Eût-il été généreux de l'abandonner à elle-même? La bonté inépuisable de mademoiselle Armantine, la conversation de l'abbé Gervais, la gaîté d'Irène pouvaient-elles suffire à la consoler? On mène, je le sais, au château de Valcreuse une vie charmante; on y conserve fidèlement toutes les traditions élégantes de la cour; l'ennui n'est jamais entré sous votre toit. Entre les récits piquants de votre sœur et les réflexions de l'abbé Gervais dont l'esprit plane, comme un aigle, au-dessus des évènements, comment l'ennui trouverait-il place? Ah! c'est là qu'il est doux de vivre! C'est dans cet Eden que la vie s'écoule en heures enchantées! Mais, comment combler le vide que laissait en partant un homme tel que vous? Après avoir assuré le bonheur de Gabrielle en vous donnant sa main, il me restait un devoir à remplir, devoir difficile, dont je comprenais toute la gravité; il fallait adoucir pour elle l'amertume de votre absence.

« Ma fille bien-aimée avait connu, avant son mariage, du vivant de M. de Presmes, un jeune homme qui se recommandait par la grâce de ses manières, par le charme de son esprit, par l'excellence de son éducation, M. Gustave de Kernis. Il n'avait pu voir Gabrielle sans l'aimer; et, sans réaliser l'idéal de Gabrielle, il n'était pourtant pas accueilli avec indifférence. Vous seul pouviez donner une forme vivante aux rêves de cette créature éthérée, vous seul pouviez contenter l'ardeur de cette âme angélique; cependant ils s'aimèrent. Malheureusement pour lui, M. de

Kernis était pauvre, et M. de Presmes ne consentit jamais à lui accorder la main de sa fille. Ce refus désespéra Gabrielle, qui n'entrevoyait pas les desseins de la Providence et ne se savait pas réservée à de si glorieuses destinées. Ils se quittèrent dans les larmes. Pour vous mettre à même de juger de la passion de M. de Kernis, je vous envoie une de ses lettres.

« M. de Kernis est un galant homme, loyal, généreux, dévoué ; il a conservé pour Gabrielle une amitié sincère et toute fraternelle. C'est sur lui que j'ai jeté les yeux pour tromper les ennuis de notre belle délaissée. Un héritage à recueillir appelait M. de Kernis dans le Bocage, où il allait se trouver complètement isolé. Admirez ma tendresse ingénieuse : je lui ai fait offrir une lettre de recommandation pour mademoiselle Armantine. Et ne croyez pas qu'il se soit présenté avec une recommandation vulgaire. Il est arrivé sous les auspices du vieil amiral sous qui vous avez fait vos premières armes, et qui jadis brûla pour votre sœur d'une flamme discrète. Aussi toutes les portes se sont ouvertes devant lui.

« N'allez pas au moins vous alarmer en lisant ma lettre. M. de Kernis n'a rien de ce qui peut inquiéter un mari. Il a vingt-six ans, il est beau, il parle agréablement sur toutes sortes de sujets ; mais il ne sera jamais pour vous un rival dangereux. Gabrielle a trop de goût et de bon sens pour ne pas comprendre l'intervalle immense qui le sépare de vous. Plus elle vivra près de lui, plus elle sentira le prix de son mari. La comparaison, loin de vous nuire, vous fera plus grand à ses yeux. La jeunesse, la grâce, l'amabilité, le charme de M. Gustave de Kernis ne réussiront jamais à effacer dans le cœur de Gabrielle l'image resplendissante d'Hector de Valcreuse. Remerciez-moi donc d'avoir pris soin de votre bonheur avec une sollicitude toute maternelle. Absent ou présent, vous occupez toujours ma pensée. Ce n'était pas assez de vous avoir donné ma fille bien aimée; il fallait vous préparer pour le retour un cœur impatient de vous revoir. J'ai fidèlement accompli la tâche que m'imposaient mes sentiments pour vous. Ai-je tort de compter sur la reconnaissance de mon meilleur ami?

« ZÉNAÏDE, MARQUISE DE PRESMES. »

A cette lettre était jointe une lettre de M. de Kernis à Gabrielle, que la marquise avait interceptée, lettre brûlante où il rappelait, avec cette complaisance familière aux amants, les débuts de leur passion mutuelle. Il racontait comment ils s'étaient vus pour la première fois, comment ils s'étaient sentis entraînés l'un vers l'autre par une irrésistible sympathie. Il n'oubliait aucun détail, et M. de Valcreuse put assister jour par jour, heure par heure, aux regards échangés, aux serrements de main, à l'embarras, à l'ivresse des premiers aveux.

Chaque mot de cette lettre enflammée pénétra dans son cœur comme un fer rouge.

Tout s'expliquait maintenant : l'inquiétude de l'abbé, les angoisses de Gabrielle. Le danger que signalait l'abbé, ce n'était pas Irène qu'il menaçait. Le cri que poussait Gabrielle était bien un cri de détresse. Ils s'étaient aimés, ils s'aimaient encore ; ils se voyaient chaque jour, ils se voyaient au château, ils se voyaient dans les bois. Si Gabrielle le rappelait d'une voix suppliante, elle doutait donc de ses forces, elle se défiait donc d'elle-même, elle sentait donc la terre manquer sous ses pas! Et depuis qu'elle avait poussé ce cri désespéré, que s'était-il passé? Et lors même qu'il pourrait partir sur-le-champ, que se passerait-il jusqu'à son retour? On lui volait son bien, son honneur, sa vie, et des milliers de lieues le séparaient du trésor qu'il aurait voulu défendre. Tous les serpents de la jalousie lui déchiraient le sein; tout l'enfer était dans son âme.

— Ah! s'écria-t-il d'une voix furieuse en frappant du poing la table où gisaient éparses toutes ces lettres empoisonnées, voilà donc comme ils m'aiment! Voilà donc comme ils veillent sur mon bonheur! Voilà comme ils veillent sur l'honneur de ma maison! Ma sœur ne voit rien; elle est folle. L'abbé voit tout et n'empêche rien; c'est un lâche. Ah! poursuivit-il avec un profond sentiment de douleur, je comprends maintenant pourquoi tu ne m'aimais pas : je comprends maintenant pourquoi ton cœur rebelle repoussait obstinément le mien. Je sais maintenant, je sais le secret de ta pâleur mortelle, le jour où je t'offris ma main ; je sais le secret de ton épouvante quand je t'appelais dans mes bras. Ce n'était pas devant l'amour, c'était devant moi que tu tremblais. Un spectre inexorable se dressait entre nous, le spectre de ton amant. C'était lui qui arrêtait les paroles sur tes lèvres ; c'était lui qui glaçait ton front sous ma bouche. Qu'il soit maudit! Soyez maudits tous deux!

Pâle, anéanti, haletant, il s'arrêta et demeura longtemps plongé dans un désespoir muet. La force lui manquait, même pour la colère ; il ne lui restait plus que la force de souffrir. Enfin, son énergie se réveilla.

— Partons! s'écria-t-il, partons! je voulais aller retrouver le bonheur; allons le disputer, s'il en est encore temps, ou me venger, s'il est trop tard.

Il ouvrit la dépêche du ministre et lut :

« Ministère de la marine et des colonies.

5 septembre 1791.

« J'ai reçu, monsieur, la lettre que vous m'avez adressée le 9 avril de la présente année, et par laquelle vous me demandez l'autorisation de revenir en France, en priant S. M. d'agréer votre démission. Je regrette, monsieur, de ne pouvoir, dès à présent, faire droit à votre demande. L'état de nos relations avec l'Angleterre exige encore, pour quelques mois, votre présence dans les mers de l'Inde. Aussitôt qu'il me sera permis de vous rappeler en France, je m'empresserai de vous le faire savoir. »

M. de Valcreuse, en achevant cette dépêche, demeura immobile et comme foudroyé.

III

Par les lettres que nous venons de transcrire, on peut juger du château de Valcreuse pendant l'automne de 1794. M. de Kernis, en recevant la lettre où Gabrielle se justifiait, avait changé brusquement de résolution. Il allait partir, la croyant parjure, infidèle, prenant pour de la haine son amour qui se réveillait. Quand il sut qu'il n'avait pas été trahi, il eut honte de sa colère et ne sentit plus que son amour. Il resta sans projet arrêté, il resta parce qu'il avait offensé Gabrielle, parce qu'il lui devait une réparation, parce que sa fuite eût été une nouvelle offense; il resta parce qu'il l'aimait. M. de Kernis était un noble cœur; il savait qu'une infranchissable barrière le séparait à jamais de madame de Valcreuse; la détourner de ses devoirs était une pensée indigne de lui, une pensée qui ne pouvait entrer dans son âme. Gabrielle avait dit vrai, elle était morte pour lui. Il ne voulait que la revoir, lui demander pardon du regard, se justifier à son tour en s'humiliant silencieusement devant elle, lui dire un dernier adieu, puis partir pour ne la revoir jamais. La passion est ainsi faite : elle s'abuse, elle s'aveugle, elle se glorifie dans une force imaginaire; elle se dit prête à consommer les plus rudes sacrifices pour s'encourager à de nouvelles fautes.

Ce qu'ils éprouvèrent en se voyant, on peut le deviner sans peine; ils ressentirent une émotion profonde, mais leur visage n'en laissa rien paraître. L'abbé lui-même, quoique déjà inquiet, l'abbé, si clairvoyant d'ordinaire, ne sut pas lire dans leurs regards le drame qui s'était accompli à son insu. Mademoiselle Armantine, malgré sa bonté, se réjouit involontairement de la pâleur de Gabrielle; en la voyant reparaître au salon, plus grave, plus morne que jamais, elle comprit que son empire n'était pas compromis, et que le sceptre demeurait entre ses mains. Irène tout entière à la joie de retrouver sa cousine, heureuse et fière de lui montrer M. de Kernis, comblait Gabrielle de caresses et ne se doutait guère qu'elle le perdait en la retrouvant.

M. de Kernis ne voulait que revoir Gabrielle et partir; les jours s'écoulèrent, et il ne partit pas. Chaque soir, en se retirant, il se disait : Je partirai demain, et chaque matin, il retournait au château. Est-il besoin de dire le charme qui l'attirait? Ce n'était pas la curiosité qui s'attache toujours aux débuts d'une passion nouvelle; ce n'étaient plus la grâce et le sourire d'Irène; c'était l'entraînement inavoué d'une passion, depuis longtemps maîtresse de son cœur, qui se ranimait avec toute son énergie, toute sa puissance. Ses assiduités n'étonnaient personne. Tout le monde pensait, au château, qu'Irène seule l'appelait. Mademoiselle Armantine en était convaincue; l'abbé n'en doutait pas; Irène le croyait, et Gabrielle s'efforçait de le croire. Grâce à cet aveuglement général, madame de Valcreuse et M. de Kernis se voyaient tous les jours, et leur situation mutuelle devenait d'autant plus dangereuse qu'ils étaient pleins tous deux d'une folle sécurité. L'attitude résignée de M. de Kernis vis-à-vis d'elle, son empressement auprès d'Irène, rassuraient madame de Valcreuse; la réserve et le visage de Gabrielle interdisaient à M. de Kernis jusqu'à l'ombre même d'une espérance. Chacun des deux, plein de confiance dans sa force, dans sa loyauté, dans la pureté de ses intentions, envisageait l'avenir sans effroi, et laissait couler les jours sans inquiétudes, sans alarmes. Et pourtant, quand M. de Kernis retournait chez lui, pendant toute la durée de sa route solitaire, il n'avait qu'une pensée, qu'un souvenir : Gabrielle ! Et pourtant, quand Gabrielle était rentrée dans sa chambre, quand elle se trouvait seule, livrée à elle-même, elle n'avait, elle aussi, qu'un souvenir, qu'une pensée : Gustave de Kernis ! C'est ainsi que leur passion silencieuse, contenue, grandissait dans l'ombre et amassait à leur insu, les orages qui devaient, plus tard, éclater sur leurs têtes. Ce qu'il y avait de plus triste, c'était la crédulité insouciante et joyeuse de cette jeune et charmante fille, qui se croyait aimée, et qui, dans sa naïveté, s'abandonnait, sans défiance, au sentiment qu'elle croyait partagé.

Cependant rien ne se décidait; M. de Kernis ne se déclarait pas. L'abbé, que le retour de Gabrielle au salon avait d'abord rassuré, commençait à s'inquiéter de nouveau: madame de Valcreuse, tout en redoutant le moment où M. de Kernis demanderait la main d'Irène, s'alarmait de son silence et déjà s'interrogeait avec effroi. Elle comprenait qu'elle avait entrepris une tâche au-dessus de ses forces, qu'elle s'était engagée dans une voie sans issue, entre les tortures de la jalousie et les angoisses du remords. Elle n'apercevait de tout côté que l'épouvante et le désespoir. Si M. de Kernis aimait Irène, la jalousie lui rongeait le cœur; s'il ne l'aimait pas, pourquoi donc restait-il? pourquoi ne partait-il pas? quel espoir le retenait? mademoiselle Armantine et Irène avaient seules gardé toute leur sécurité.

L'inquiétude de l'abbé croissait chaque jour. Plusieurs fois, dans leurs réunions, tandis que M. de Kernis était assis auprès d'Irène, s'efforçant de paraître gai comme elle, et lui débitant quelques-uns de ces riens ingénieux qui faisaient la joie de mademoiselle Armantine, quelques-uns de ces madrigaux fleuris que la pauvre enfant prenait pour des paroles d'amour, l'abbé avait surpris le regard profond et attristé de Gabrielle. Quelquefois même il avait vu ses yeux se détourner de ce couple jeune et gracieux avec une expression d'indicible souffrance et de sourde colère. Une fois, il l'avait trouvée pleurant; il avait voulu l'interroger, et Gabrielle s'était enfuie sans lui répondre. Ce jeune homme, qu'il avait d'abord tant aimé, lui inspirait un éloignement qu'il ne s'expliquait pas, qu'il combattait, qu'il ne pouvait réussir à surmonter. Quand il le voyait partir, il respirait plus librement; sa poitrine se resserrait quand il le voyait arriver. Quand il entendait le galop de son cheval dans la cour, le bruit de ses éperons sur le pavé, il se troublait comme à l'approche du danger.

Un soir enfin, comme M. de Kernis s'éloignait au pas, laissant la bride flotter sur le cou de son cheval et tournant de temps en temps la tête en arrière, l'abbé, qui jusque-là, caché derrière une haie, l'avait suivi d'un œil joyeux, avec un sentiment de délivrance, voulut savoir où s'adressaient ses regards : il aperçut à une fenêtre du château une tête immobile, attentive; ce n'était pas la tête d'Irène. Il y avait dans l'air qu'il respirait quelque chose d'étrange, de menaçant. Il sentait que le terrain sur lequel il marchait était semé d'embûches, qu'il y avait au château un ennemi; mais cet ennemi, comment l'attaquer? comment engager la lutte? Il maudissait Irène qui avait attiré M. de Kernis, maintenant établi au cœur de la place; il maudissait mademoiselle Armantine qui l'avait accueilli; il se reprochait à lui-même sa confiance, sa crédulité, sa complicité. Que lui reprocher pourtant? comment l'éconduire? S'adresserait-il à Gabrielle? Mais Gabrielle n'avait pas partagé leur fol engouement; elle n'avait cédé qu'à leurs instances réitérées en consentant à le voir. De quel droit irait-il la prier de congédier ce jeune homme dont il avait été le premier à vanter le mérite, l'honneur, la loyauté? Lui, si renommé pour sa clairvoyance, pour sa pénétration, comment avait-il pu se laisser prendre au piège? Il ne pouvait penser sans honte, sans confusion, à tous les entretiens politiques où M. de Kernis avait si bien su l'enlacer. Il avait écouté, bouche béante, le développement de ses principes, la confidence de ses projets, de ses espérances, et à cette heure, bien qu'il ne sût encore de quoi l'accuser, il devinait vaguement qu'il avait joué le rôle de dupe. Dans cette cruelle perplexité, il prit le parti de s'adresser à mademoiselle Armantine.

Depuis plusieurs jours, il cherchait l'occasion de s'expliquer librement avec mademoiselle de Valcreuse. Un soir, tandis que M. de Kernis se promenait au parc avec Gabrielle et Irène, l'abbé se trouva seul enfin avec mademoiselle Armantine. Malgré l'éternelle jeunesse de son cœur, malgré l'inaltérable fraîcheur de ses souvenirs, la bonne demoiselle avait senti, ce soir-là, une première atteinte de rhumatisme. Elle essayait en vain de se tromper; bon gré, mal gré, il fallait se rendre à l'évidence ; elle avait dû rester au logis. Dès qu'il se vit seul avec elle, l'abbé aborda franchement la question.

— Eh bien! mademoiselle, quand croyez-vous que M. de Kernis demandera la main de notre chère Irène? Ne serait-il pas temps de se déclarer? N'a-t-il pas assez attendu? A quand donc le mariage?

Étourdie sous cette avalanche de questions, mademoiselle Armantine demeura d'abord sans voix ; mais au dernier mot, au mot de mariage, elle dressa l'oreille, releva la tête et bondit fièrement dans la bergère où elle était à demi ensevelie. L'étonnement et la colère lui firent oublier un instant les douleurs impertinentes qu'elle ne voulait pas s'avouer.

— A quand le mariage, monsieur l'abbé? Ai-je bien entendu? à quand le mariage? Savons-nous seulement si ces jeunes gens se conviennent? Ils s'aiment, je le veux bien, je le crois comme vous ; mais ont-ils eu le temps de se le dire? A quand le mariage! Voilà un an tout au plus que M. de Kernis soupire, et vous parlez déjà de couronner sa flamme! Entre gens bien nés, les choses ne vont pas si vite. J'ai vécu à la cour ; je sais combien de temps un cœur doit résister avant de se rendre. Dans quel monde avez-vous vu qu'une jeune fille de bonne maison s'obtienne au prix d'un aussi court martyre ?

— Dans le monde où j'ai vécu, les jeunes gens s'épousent dès qu'ils s'aiment et qu'ils ont l'aveu de leurs familles. N'est-ce pas le parti le plus sage ? Je l'avais cru jusqu'ici.

— Vous vous trompiez, monsieur l'abbé. J'ai vu à mes pieds bien des soupirants ; leurs tendres plaintes ont duré plus d'une année, et pourtant pas un d'eux ne s'est cru assez sûr de mon cœur pour oser demander ma main.

— Nous ne sommes pas à la cour, mademoiselle. Je vois ici un jeune homme qui vient tous les jours, une jeune fille qui tous les jours l'accueille en souriant. Ils s'aiment : que peuvent-ils faire de mieux que de se marier?

— Se marier! se marier!

— Oui; sans doute.

— Voulez-vous donc les conduire droit au but, et supprimer ainsi toutes les émotions, tous les enchantements du voyage? Quand Irène, avec un peu de coquetterie, réussirait à désespérer M. de Kernis, où serait le mal? Vous n'entendez rien à l'amour.

— Je le crois, mademoiselle, je ne suis

qu'un pauvre abbé ; je n'entends rien à tous ces raffinements ; mais le bon sens me dit que M. de Kernis ne peut rester ici plus longtemps s'il ne s'explique pas.

— Et moi, je vous dis, s'écria mademoiselle Armantine d'une voix tremblante, je vous dis que si M. de Kernis eût osé s'expliquer déjà, je lui aurais fermé les portes du château. Il soupire discrètement ; il se conduit en vrai gentilhomme.

— Discrètement ! répéta l'abbé en hochant la tête.

— Vous auriez voulu, n'est-ce pas, qu'il lui lançât en plein visage l'aveu de son amour? Pour moi je lui sais gré de sa ré-

serve, de sa timidité. Il prouve ainsi qu'i
est vraiment épris.

— Tenez, mademoiselle, parlons sincèrement. En l'absence d'Hector, je dois, comme vous, veiller à la paix de son foyer, à l'honneur de sa maison. Eh bien ! je suis inquiet. Il se passe ici quelque chose d'étrange : M. de Kernis ne peut rester plus longtemps s'il refuse de s'expliquer.

— Qui donc ici se permettrait de le congédier?

— Vous seule, mademoiselle, vous seule pouvez le faire, et j'espère que vous le ferez.

A ces mots, l'abbé se leva : il avait fait son devoir.

Demeurée seule, encore sous le coup des paroles de l'abbé, dont l'accent convaincu l'avait bouleversée, mademoiselle Armantine eut un moment de trouble et d'inquiétude. Au fond de son cœur, elle redoutait l'abbé ; elle voyait en lui l'ami, le père, le représentant de son frère. Ce qu'il venait de dire, peut-être Hector l'eût-il dit à sa place. Pour la première fois de sa vie, elle se mit à réfléchir ; mais son esprit frivole ne pouvait longtemps suivre une même pensée. La lumière que l'abbé venait de placer devant elle l'éclaira un instant, puis bientôt l'éblouit, fatigua sa paupière ; elle ferma les yeux.

L'abbé n'était pas au bas du perron que déjà elle prenait en pitié son inquiétude et ses conseils. Faut-il l'avouer? Elle n'était pas pressée de voir M. de Kernis s'enchaîner; elle se disait qu'une fois marié à Irène, il s'en irait peut-être loin du château, qu'il voyagerait, qu'elle ne le verrait plus. D'ailleurs, dût il ne pas s'éloigner, une fois marié, il n'aurait plus le même charme à ses yeux. Et puis, était-ce bien pour Irène qu'il était venu, pour elle seule qu'il restait? N'y avait-il à Valcreuse que cette jeune fille qui fût capable de l'attirer, de le fixer? Enfin, lors même que, cédant à un instinct de générosité, elle se fût oubliée, elle se fût effacée devant la grâce et la beauté d'Irène, n'y avait-il pas dans le spectacle de ces tendres amours quelque chose de touchant qui la rajeunissait? Devait-elle se hâter de tirer le rideau sur cette fraîche idylle?

C'est là qu'en étaient les choses quand Irène, l'abbé, mademoiselle Armantine et Gabrielle écrivirent les lettres que M. de Valcreuse reçut six mois après dans les mers de l'Inde.

IV

L'hiver s'acheva sans amener aucun changement. Bientôt cependant Irène se sentit saisie d'une tristesse confuse, indéfinie, qu'elle n'avait pas encore éprouvée. Ses joues pâlirent, l'azur limpide de ses yeux se ternit. Sa démarche, autrefois si vive, devint languissante. Le sourire abandonna ses lèvres. Elle comprenait, elle aussi, qu'il se passait autour d'elle quelque chose de mystérieux. Dans les âmes les plus frivoles, la passion a le don de seconde vue : Irène devinait, sans oser se l'avouer, que Gabrielle n'était pas étrangère à la souffrance qui la consumait. A son tour, elle ressentait contre madame de Valcreuse de sourds mouvements de colère et de jalousie. Ainsi cette jeune femme et cette jeune fille souffraient l'une par l'autre, et n'osaient se confier le secret qui les étouffait. Parfois elles se fuyaient ; parfois elles se cherchaient, s'embrassaient en pleurant et se quittaient sans avoir rien dit. L'anxiété de l'abbé devenait de jour en jour plus vive, plus poignante. Mademoiselle Armantine elle-même, au milieu des passions sérieuses qui s'agitaient autour d'elle, avait perdu son éternelle sérénité. Elle s'étonnait enfin du silence de M. de Kernis; elle assistait, sans y rien comprendre, au drame silencieux qui se jouait sous ses yeux. C'en était fait de la joie du château. Irène n'égayait plus les réunions de sa voix moqueuse, de ses fines reparties. L'abbé, autrefois si indulgent et si bon, avait maintenant un visage austère, un ton bref et cassant, une parole sèche et morose. Attirée fatalement, enchaînée par la présence de M. de Kernis, penchée sur sa broderie, Gabrielle dévorait ses larmes, sa honte et ses remords. Mademoiselle Armantine seule hasardait encore de temps en temps quelques récits galants; mais le silence glacé qui les accueillait décourageait bientôt sa mémoire.

Placé entre les deux femmes dont il faisait le malheur et le désespoir, M. de Kernis reconnaissait qu'il devait partir, et cependant il ne partait pas. La douleur muette, la pâleur mortelle, la contenance abattue de Gabrielle lui montraient assez que cette âme était atteinte d'un mal sans remède; mais, dans son égoïsme farouche, il s'applaudissait des ravages mêmes de sa présence. Jamais madame de Valcreuse ne touchait au passé; jamais lui-même ne le rappelait devant elle, même par une allusion détournée; mais il se sentait aimé et il restait. La tristesse d'Irène n'excitait en lui aucun remords. Il ne croyait pas le cœur de cette enfant sérieusement blessé, et d'ailleurs, l'eût-il cru, il serait encore resté : ce n'est pas la haine qui est impitoyable, c'est l'amour.

Qu'espérait-il pourtant? que pouvait Gabrielle pour lui? que pouvait-il pour Gabrielle? Comment dénouer, comment trancher le nœud inextricable de leur destinée? Il n'en savait rien, il ne s'en préoccupait pas. Il n'avait voulu d'abord que revoir madame de Valcreuse, et lui dire, du regard, un dernier adieu; maintenant, il ne voulait plus partir sans lui avoir dit une dernière fois qu'il l'aimait, qu'il n'avait pas cessé de l'aimer. Plusieurs fois, déjà, il avait cherché l'occasion de lui parler ; plusieurs fois il avait cru pouvoir l'entretenir librement; mais Gabrielle l'avait toujours tenu à distance, et l'abbé avait toujours su déjouer toutes ses combinaisons. Enfin, Irène elle-même, guidée par l'instinct de l'amour malheureux, se plaçait obstinément entre sa cousine et M. de Kernis.

Un soir, en rentrant chez lui, il trouva Rosette qui l'attendait et lui remit ce billet de madame de Valcreuse :

« Irène vous aime. Si vous ne l'aimez pas, si vous ne devez pas l'épouser, que faites-vous ici? Partez. »

Ce billet éveilla bien en lui quelques remords : cependant, il ne partit pas. Gabrielle se rassura en voyant qu'il demeurait. Son cœur put se réjouir, elle avait mis sa conscience en repos : elle croyait, elle avait le droit de croire que M. de Kernis épouserait Irène.

Cependant, la révolution marchait à grands pas, on était au lendemain du 10 août. Le roi était prisonnier. La jeune noblesse, qui d'abord avait servi la cause de la liberté avec un entraînement sincère, dans l'espérance de diriger le mouvement démocratique, avait changé de conduite et de volonté en voyant la monarchie à l'agonie. Elle s'était retournée avec colère, comme pour expier ses illusions, contre la révolution, dont elle avait été jusque là l'alliée fidèle. M. de Kernis lui-même, au milieu des préoccupations incessantes qui l'assiégeaient, s'était associé à cette réaction; il avait brisé ses anciennes idoles. La royauté malheureuse, opprimée, cette royauté dont il avait gourmandé les erreurs avec tant d'énergie, avec tant d'amertume, avait maintenant toutes ses sympathies, tous ses vœux, il était prêt à verser son sang pour elle; c'était une de ces âmes généreuses qui embrassent toujours le parti des vaincus. Il avait noué des relations dans le Bocage et dans le Marais. Il avait étudié le pays; il avait interrogé les passions, sondé les intérêts, et il comprit un des premiers que, si la monarchie pouvait être sauvée, son salut lui viendrait de la Bretagne et de la Vendée. Honteux d'avoir servi avec tant d'ardeur une cause qui se déshonorait par ses excès, il avait devancé, dans son impatience, le mouvement qu'il pressentait ; il n'était pas étranger aux soulèvements de Challans et de Machecoul. La noblesse des environs se réunissait chez lui pour se concerter ; il correspondait avec les émigrés, et déjà son château était signalé au parti populaire de Nantes comme un club d'aristocrates, comme un foyer de sédition.

L'abbé qui épiait d'un œil vigilant toutes les démarches de M. de Kernis, qui, par dévoûment pour son cher Hector, se croyait obligé à savoir et savait jour par jour l'emploi du temps de ce jeune homme, voyait avec effroi les relations nouvelles qu'il avait nouées. M. de Kernis, en effet, malgré les projets politiques auxquels il s'associait, qu'il dirigeait lui-même, n'avait pas cessé de venir au château comme par le passé, et la réaction où il était entré pouvait éterniser son séjour dans le Marais. Parfois même l'abbé, dans ses accès de défiance, allait jusqu'à se demander si M. de Kernis était sincère dans sa conduite, si ses démonstrations en faveur de la monarchie n'étaient pas un prétexte inventé à plaisir, si elles ne cachaient pas l'intention bien arrêtée de ne plus quitter le château. La réponse d'Hector n'arrivait pas; mademoiselle Armantine ne pouvait se résigner soit à congédier son hôte, soit à provoquer de sa part une explication décisive. L'abbé sentait de jour en jour s'accroître le poids de la responsabilité qu'il avait acceptée; en l'absence de M. de Valcreuse, n'était-il pas le chef de la famille? Il se reprochait sa faiblesse, sa pusillanimité ; il s'accusait d'avoir compté follement sur mademoiselle Armantine, dont il connaissait pourtant depuis longtemps l'incorrigible étourderie. Il comprenait enfin que le temps était venu d'agir seul et par lui-même. Son parti fut bientôt pris, il n'y avait plus à hésiter. Essayer d'entretenir M. de Kernis au château? il ne fallait pas y songer. Mademoiselle Armantine ne quittait pas son hôte : il fallait donc aller attendre M. de Kernis chez lui, et ce fut la résolution à laquelle s'arrêta l'abbé.

Un soir, en revenant de Valcreuse, M. de Kernis mettait pied à terre au bas de son perron. Il aperçut l'abbé assis tristement sur l'une des marches. Il tressaillit en le voyant; il comprit qu'une crise allait éclater dans sa destinée; toutefois, il courut au devant de lui avec déférence. Le visage de l'abbé était grave et sévère; M. de Kernis pâlit et se troubla.

— Monsieur le comte, dit le vieillard, j'ai à vous parler de choses sérieuses.

M. de Kernis lui prit la main et l'entraîna dans le salon. Il le fit asseoir et s'assit devant lui comme devant un juge.

— Je n'ai pas besoin, monsieur le comte, de vous rappeler avec quel empressement, avec quelle confiance vous avez été reçu parmi nous. Mademoiselle Armantine et moi, nous vous avons accueilli comme l'eût fait M. de Valcreuse s'il eût été présent. Dans un cœur tel que le vôtre, de pareils souvenirs ne sauraient s'effacer.

— Vous avez raison, mon cher abbé, je ne l'oublierai jamais. J'étais seul, sans relations dans ce pays; vous avez été pour moi une famille.

— Eh bien! monsieur le comte, je viens savoir si vous êtes vraiment digne de la confiance que nous vous avons témoignée. J'ai élevé M. de Valcreuse; Hector est mon fils, mon enfant. C'est en son nom que je vous parle aujourd'hui. Ma démarche n'a donc rien qui doive vous surprendre.

— Parlez, mon cher abbé; parlez au nom de M. de Valcreuse, parlez en votre nom. Vous n'avez pas besoin ici d'emprunter l'autorité de personne.

— Je vous remercie, monsieur le comte. Votre déférence me touche et m'encourage; mais le sentiment des devoirs que j'accomplis suffirait seul pour me soutenir. Votre présence au château est un sujet de trouble, vous ne l'ignorez pas. Nous étions calmes, heureux; notre vie s'écoulait doucement au sein d'une paix constante; vous êtes venu, et tout a changé. Ma mission ici n'est pas de sonder les cœurs; il ne m'appartient pas d'interroger les passions qui s'agitent en vous. Répondez seulement à la question que je vous adresse : Aimez-vous Irène? Voulez-vous l'épouser?

Ému jusqu'au fond de l'âme par l'accent paternel de l'abbé, M. de Kernis demeura quelques instants sans répondre.

— Mon cher abbé, dit-il enfin, vous savez dans quel temps nous vivons. Au moment où tout est remis en question, où la royauté succombe, où toutes les institutions se renouvellent violemment, quand nul de nous ne sait aujourd'hui où il sera demain, j'en appelle à votre sagesse, serait-il prudent de ma part de songer à des projets de mariage? En épousant Irène, quel avenir pourrais-je lui offrir? quelle protection, quel appui pourrais-je lui assurer? N'est-ce pas folie de bâtir son nid dans la tempête?

— N'est-ce pas dans ces temps d'orage, qu'il convient de se rapprocher, de s'unir, ds se serrer l'un contre l'autre pour faire face au danger? Si vous aimez notre chère Irène, n'est-ce pas maintenant que vous devez l'appeler près de vous pour la protéger et la défendre? Si vous l'aimez vraiment, pouvez-vous consentir à l'abandonner seule au milieu de la tourmente? Tout s'agite autour de nous, la marée monte, le flot nous gagne : ne lui tendrez-vous pas la main?

— Et si, en l'appelant près de moi, j'attirais la foudre sur sa tête? Si je la perdais en voulant la sauver? N'a-t-elle pas au château de Valcreuse un abri paisible et sûr? Pourrais-je, sans égoïsme, l'associer à ma destinée? Irais-je exposer à tous les vents cette fleur délicate que la brise suffirait à courber? Attendons des jours meilleurs.

— Ainsi, monsieur le comte, vous ne croyez pas pouvoir épouser Irène?

— Je vous ai parlé avec franchise, je vous ai dit toute ma pensée.

— Eh bien! Monsieur, il faut partir. Votre présence entretient dans le cœur d'Irène des espérances mortelles à son bonheur. Déjà, vous avez dû le voir, son front pâlit, son œil a perdu son éclat; sa gaîté s'est éteinte; cette enfant se consume dans l'attente d'un aveu qui ne vient pas, qui ne doit pas venir. Ce n'est pas à moi de compter vos fautes, de mesurer votre imprudence; mais partez, votre place n'est pas ici.

— Je ne me croyais pas si coupable.

— Interrogez votre conscience; ne vous fait-elle aucun reproche ?

— Ma conscience est en paix, Monsieur, répondit M. de Kernis avec embarras. Je n'ai jamais sollicité l'amour de mademoiselle Irène; si j'ai troublé son bonheur, c'est sans le vouloir, sans le savoir. Je n'ai jamais rien fait, je n'ai jamais rien dit pour éveiller en elle de trompeuses espérances.

— Il y a des choses que je devine confusément, dit l'abbé le tenant palpitant sous son regard scrutateur; des choses que vous savez, que je ne peux pas, que je ne dois pas rappeler.

A ces mots, M. de Kernis rougit et baissa les yeux.

— Je vous le répète, Monsieur, dit-il d'une voix où se trahissait son émotion, si j'ai troublé le bonheur de mademoiselle

Irène, c'est à mon insu. Je ne puis que la plaindre, et je n'ai pas à m'accuser.

— Il faut partir, monsieur le comte; votre place n'est pas parmi nous. Vous avez semé l'épouvante dans la famille qui vous a reçu comme un des siens ; il faut partir. Le roi est prisonnier : je connais vos principes, je connais vos croyances, votre place est à Paris. Que feriez-vous dans nos campagnes? Le devoir vous éloigne; le devoir vous appelle : ne restez pas un instant de plus. Partez, et souvenez-vous que vous laissez ici un cœur qui apprécie tous vos sacrifices et qui vous en tiendra compte.

En achevant ces mots, l'abbé lui tendit

la main : M. de Kernis hésita un instant, puis il la saisit et la couvrit de larmes.

— Bien! dit l'abbé l'appelant sur son cœur et le serrant dans ses bras. Bien, mon enfant! vous êtes une âme loyale; je le savais, je ne m'étais pas trompé, je n'attendais pas moins de vous. Allez, que Dieu vous accompagne! puisse Dieu réparer le mal que vous avez fait! Mes vœux vous suivront; puissent-ils attirer sur vous toutes les bénédictions du ciel!

— Dans deux jours, j'irai faire mes adieux au château, répondit M. de Kernis.

Demeuré seul, il comprit que l'abbé

avait raison; qu'il fallait partir. En restant, il compromettait à la fois le bonheur de Gabrielle et le bonheur d'Irène, sans pouvoir rien ni pour l'une ni pour l'autre : en partant, il accomplissait un double devoir. Pouvait-il hésiter? n'avait-il pas déjà trop attendu? C'en était fait, il allait s'éloigner avec la mort dans le cœur, mais fier du témoignage de sa conscience.

Le lendemain, quelques affaires à régler l'appelaient à Nantes. Cette ville était alors en proie aux agitations populaires; le parti démocratique y triomphait. Si la bourgeoisie voyait avec inquiétude les excès auxquels la révolution se laissait emporter, elle n'osait cependant s'y opposer, et là comme partout la populace s'y mêlait avec exaltation, avec frénésie. Plus d'une fois, déjà, M. de Kernis avait ameuté la foule contre lui, par son attitude hautaine et provocante. Il arrivait exaspéré par la douleur, plein d'une sourde colère. Comme il longeait le quai, au trot de son cheval, il aperçut le vieux marquis de S...., que la populace entourait en l'accablant d'injures. Le reconnaître et pousser son cheval, fut l'affaire d'un instant. A coups de cravache, il se fraya un chemin dans cette foule furieuse, se saisit du marquis, et comme ils ne voulaient pas lâcher leur proie, il fouilla dans ses arçons, fit feu, prit le marquis en croupe et disparut au galop.

Le jour suivant, M. de Kernis se présentait à Valcreuse. Mademoiselle Armantine, Gabrielle et Irène avaient été averties par l'abbé de son prochain départ. Cette dernière entrevue fut triste et presque muette. Irène avait peine à retenir ses larmes ; mademoiselle Armantine ne cachait pas ses regrets et voulait l'empêcher de partir ; Gabrielle touchait à l'heure de la délivrance, et pourtant qui oserait dire qu'elle ne regrettât pas le danger? L'abbé, témoin de cette douloureuse épreuve, encourageait M. de Kernis du regard.

Le moment de la séparation approchait. Le cheval de M. de Kernis était sellé et l'attendait dans la cour ; il ne restait plus qu'à échanger les derniers adieux. Sur un signe de l'abbé, M. de Kernis se leva. Il venait de baiser la main de mademoiselle Armantine, et déjà il s'avançait vers Irène qui ne cherchait plus à retenir ses pleurs, quand tout à coup Rosette entra d'un air effaré.

— Qu'y a-t-il, mon enfant, qu'y a-t-il? demanda l'abbé d'une voix agitée.

Rosette saisit l'abbé par la main, l'entraîna vers la fenêtre ouverte, et lui montrant l'horizon enflammé :

— Voyez, voyez! s'écria-t-elle.

Irène, Gabrielle, mademoiselle Armantine, M. de Kernis se précipitèrent vers la fenêtre et contemplèrent avec une morne épouvante les gerbes de flammes qui sillonnaient le ciel, du côté du Marais.

C'était le château de M. de Kernis qui brûlait : la populace vengeait ainsi sa défaite de la veille.

— Sauvez-vous, monsieur! cachez-vous! dit Rosette : ils vous cherchent, ils veulent vous tuer.

— Eh bien! qu'ils viennent, qu'ils me tuent, dit M. de Kernis en regardant Gabrielle.

— Non, dit Irène se jetant à son cou, l'entourant de ses bras; non, ils ne vous tueront pas, ou bien ils nous tueront tous deux.

Pâle, consterné, l'abbé regardait Gabrielle qui n'osait parler, tandis que mademoiselle Armantine, moins effrayée qu'heureuse d'avoir un rôle à jouer, donnait déjà des ordres pour cacher M. de Kernis.

Rosette avait dit vrai, il n'y avait pas un instant à perdre. Déjà on voyait rôder dans la plaine des figures farouches ; déjà on entendait s'élever du fond des bois des cris menaçants. Heureusement pour M. de Kernis, les Valcreuse étaient aimés dans le pays ; le bien qu'ils avaient semé autour d'eux protégeait leur hôte et faisait de leur château un asile à peu près sûr, sinon tou-à-fait inviolable. Ainsi furent renversés tous les plans de l'abbé : M. de Kernis demeurait prisonnier sous le toit qu'il allait quitter pour jamais.

Le lendemain, à son réveil, tandis que M. de Kernis dormait encore à deux pas de lui, l'abbé reçut quelques lignes tracées à la hâte, d'une main fiévreuse, six mois auparavant, et arrivées la veille à Nantes, par un bâtiment de commerce :

« Ils s'aiment. Ne le voyez-vous pas? ne l'avez-vous pas deviné? Ils s'aiment, et vous assistez lâchement à la ruine de mon honneur. Ils s'aiment, ils s'aimaient depuis longtemps ; je le sais, j'en suis sûr ; la preuve en est dans mes mains. Cette preuve, la voici; je vous l'envoie. Si vous m'êtes dévoué, si votre amitié n'est pas un mensonge, si vous n'êtes pas un traître, chassez-le ou tuez-le.

« HECTOR DE VALCREUSE. »

V

Ainsi les soupçons de l'abbé étaient pleinement justifiés et se changeaient en certitude. Il tenait dans ses mains le secret de toutes ces douleurs qu'il avait vainement interrogées, de toutes ces passions qui s'agitaient autour de lui, et qu'il avait vainement épiées; il tenait dans ses mains le secret de son épouvante.

Ils s'aimaient donc, ils s'aimaient depuis longtemps, et l'abbé l'apprenait, l'abbé en avait la preuve quand il ne lui était plus permis d'éconduire M. de Kernis. Pouvait-il obéir aux ordres d'Hector, pouvait-il chasser l'hôte dont la tête était menacée, dont la vie était en danger? Depuis la veille, la personne de M. de Kernis n'était-elle pas inviolable et sacrée? M. de Valcreuse ne savait, ne voyait qu'une chose, c'est que M. de Kernis et Gabrielle s'étaient aimés, qu'ils s'aimaient encore, qu'ils respiraient le même air, qu'ils vivaient sous le même toit. Sa colère était légitime; il pouvait, il devait les maudire. Mais l'abbé, qui depuis plus d'un an, ne les avait pas perdus de vue un seul instant, n'éprouvait qu'un sentiment de compassion évangélique pour tous les acteurs de ce drame noué par madame de Presmes.

C'était une âme tout à la fois tendre et sévère, sans pitié pour le mal, indulgente pour la douleur. Il avait vu l'attitude réservée de M. de Kernis; il avait suivi chez Gabrielle les ravages du désespoir; il avait surpris chez Irène les symptômes de l'amour méconnu. Il comprenait ce qu'avaient dû souffrir ces nobles enfants; il se figurait les angoisses, l'impatience, l'indignation d'Hector, et, les réunissant tous quatre dans une même étreinte, il pleurait sur leur commune infortune. Madame de Presmes seule avait tout conduit; elle seule méritait la colère et les malédictions de M. de Valcreuse. Gabrielle et M. de

Kernis étaient purs; ils avaient souffert. Si leur mutuel amour était une faute, ils l'avaient expiée par leur résignation silencieuse.

Il fallait agir, il fallait trancher le mal dans sa racine. M. de Kernis ne pouvait rester plus longtemps au château. Si l'abbé devait à Hector cette légitime satisfaction, le salut de son hôte n'était pas une obligation moins impérieuse. Cependant, où le cacher? L'affaire de Nantes avait pris des proportions terribles. Poursuivi comme meurtrier, signalé comme ennemi de la République naissante, M. de Kernis n'avait plus d'autre parti à prendre que de quitter la France. L'abbé comprit sur-le-champ la nécessité de le faire passer à l'étranger; mais avant qu'il eût préparé sa fuite, bien des jours devaient s'écouler et M. de Kernis reconnaissait lui-même qu'il ne pouvait rester au château sans attirer sur la famille de M. de Valcreuse les dangers qui le menaçaient. Son premier mouvement avait été de partir; il avait fallu le supplier pour le retenir.

A une demi-lieue de Valcreuse, se cachait dans les bois une ferme abandonnée depuis longtemps, à demi-ruinée par l'incendie. Les sentiers qui menaient à cette mâsure avaient disparu sous l'herbe et les ronces. Les alentours étaient déserts. Par une nuit sombre, l'abbé y conduisit M de Kernis. Après l'avoir installé dans sa nouvelle retraite, il s'occupa sur-le-champ de son passage à l'étranger. L'entreprise était difficile ; les côtes étaient gardées. Les démarches de l'abbé pouvaient être épiées; son secret une fois connu, il était perdu. Pourtant, grâce à sa prudence, à son activité, il découvrit le patron d'un sloop et fit marché avec lui pour transporter M. de Kernis à l'île de Jersey. Le patron était sûr et méritait toute confiance; plus d'un émigré lui avait dû son salut. Comme il fallait attendre pour le départ le moment où l'effervescence populaire se serait calmée, où la surveillance se serait ralentie, il fut convenu que le sloop se tiendrait dans une crique de la plage, prêt à partir à toute heure de la nuit. Cela fait, l'abbé remercia Dieu dans son cœur ;

il avait éloigné M. de Kernis et il l'avait sauvé.

On ne s'occupait au château que du sort de M. de Kernis ; toutes les passions que sa présence avait éveillées, n'avaient plus maintenant qu'un seul but : sa délivrance.

Rosette, accueillie partout, dont personne ne se défiait, venait chaque jour les informer de l'état du pays. Elle rôdait dans les métairies, poussait jusqu'à Nantes, parcourait les rues, entendait tout, voyait tout, et rapportait fidèlement tout ce qu'elle avait vu, tout ce qu'elle avait entendu. Elle s'acquittait des fonctions délicates que Gabrielle lui avait confiées avec une intelligence, une discrétion au-dessus de son âge. De son côté, l'abbé allait, la nuit, rendre visite au prisonnier, s'assurait par lui-même que rien ne lui manquait, que sa retraite n'était pas dénoncée. Avec quelle anxiété Mademoiselle Armantine, Irène et Gabrielle n'attendaient-elles pas son retour! De combien de questions ne l'accablaient-elles pas! Gabrielle seule n'osait l'interroger. Parfois, l'abbé allait de la ferme à la plage, pour voir si le sloop était toujours prêt, si les chemins étaient libres, si la surveillance se ralentissait sur les côtes, s'il pourrait bientôt sans danger délivrer son prisonnier.

Mademoiselle Armantine et Irène n'avaient qu'une pensée : pourvoir à tous les besoins de M. de Kernis. Gabrielle les enviait sans oser s'associer à leur empressement. Elle se dédommageait de son inaction apparente en veillant une partie de la nuit, en écoutant d'une oreille inquiète tous les bruits de la plaine, en interrogeant Rosette sur les moindres évènements, en se faisant raconter toutes les nouvelles qui couraient le pays. Elle ne se couchait jamais avant d'avoir vu Rosette. Le jour, elle montait à cheval, dirigeait sa promenade du côté de la mer et s'assurait par elle-même que le sloop était au poste désigné. Un jour, dans une de ses excursions, elle rencontra, sur le rivage, l'abbé qui, sans l'interroger, la devina, lui prit les mains et les baisa avec attendrissement.

Une nuit, tout dormait au château. Gabrielle veillait seule ; elle attendait Rosette qui n'était pas rentrée. Tout-à-coup, Rosette se glissa dans sa chambre, et d'une voix haletante :

— Madame, lui dit-elle, M. de Kernis est perdu, sa retraite est découverte. La ferme sera cernée au point du jour.

— Qui te l'a dit? demanda madame de Valcreuse.

— J'arrive de Nantes, et sur ma route, j'ai rencontré des soldats qui allaient du côté de Machecoul. On m'a dit, à Machecoul, qu'ils venaient pour arrêter M. de Kernis. S'il passe la nuit à la ferme, c'en est fait de lui.

Gabrielle, d'ordinaire si timide, si réservée, eut bientôt pris son parti. Elle entraîna Rosette aux écuries du château, sella le cheval qu'elle montait habituellement, et se dirigea du côté de la ferme, tandis que Rosette, qui venait d'enfourcher un des petits chevaux bas-bretons qu'on attelait au berlingot, allait à la plage, avertir le patron du sloop.

Gabrielle n'avait pas voulu réveiller l'abbé. Le temps pressait. D'ailleurs, à son insu, elle avait cédé au désir de revoir M. de Kernis une dernière fois.

La nuit était sombre, le ciel chargé de nuages. M. de Kernis veillait à la lueur d'une lampe. Ses pistolets étaient sur la table. Près de lui, dans l'étable de la ferme, un cheval était sellé, car M. de Kernis attendait chaque nuit le signal de son départ. Les volets des fenêtres étaient fermés avec soin; aucune lumière ne se laissait apercevoir au dehors.

Il veillait, moins préoccupé du danger qui le menaçait que de sa destinée si cruellement traversée; il regrettait amèrement de n'avoir pu dire à Gabrielle combien il l'aimait.

Il n'avait jamais osé lui écrire depuis son arrivée à Valcreuse. Près de partir, il se décidait enfin à lui ouvrir son cœur; tous ses scrupules se taisaient; il ne devait plus la revoir; la lettre qu'il commençait était presqu'un testament.

Tout-à-coup il entendit le galop d'un cheval qui s'arrêtait à la porte de la ferme. Il arma ses pistolets et se disposait à vendre chèrement sa vie, lorsqu'il crut reconnaître le frôlement d'une robe. Il prêta l'oreille et reconnut le pas léger d'une femme. C'était le pas de Gabrielle : au trouble de son cœur, il n'en pouvait douter. Il ouvrit : son cœur ne l'avait pas trompé.

— Vous! s'écria M. de Kernis; vous ici? vous enfin !

En se trouvant seuls dans cette ferme abandonnée, autour de laquelle mugissait le vent; seuls au milieu de la nuit, seuls dans les campagnes désertes, seuls après avoir si longtemps attendu cette heure suprême, ils oublièrent tout, et restèrent quelques instants à se contempler en silence. Ils oublièrent qu'ils étaient séparés, séparés pour toujours; ils oublièrent ce qu'ils avaient souffert. Ils se voyaient, et le passé, l'avenir n'existaient plus; ils se voyaient, et leur vie tout entière se résumait dans le regard qu'ils attachaient l'un sur l'autre !

— Vous ! répéta M. de Kernis.

Et, enveloppant de ses bras cette chaste et pâle figure, il l'attirait doucement sur son cœur.

Ce mouvement suffit pour rappeler madame de Valcreuse au sentiment de la réalité. Elle s'arracha des bras qui l'enlaçaient, et d'une voix tremblante :

— Partez! s'écria-t-elle; partez, votre vie est menacée : vous n'avez pas un instant à perdre.

— Laissez-moi vous voir, laissez-moi vous parler, laissez-moi vous entendre, dit M. de Kernis en la couvant des yeux. C'est donc vous! vous que j'aime, vous que je n'ai jamais cessé d'aimer!

— Partez! s'écria Gabrielle. Votre retraite est découverte ; vous n'avez que le temps de fuir. La ferme sera cernée au point du jour. Je le sais, j'en suis sûre : partez!

— Laissez-moi vous voir, laissez-moi vous parler, laissez-moi vous entendre!

Et, la faisant asseoir, il se mit à ses pieds :

— Pardonnez-moi, reprit-il d'une voix caressante, pardonnez-moi d'avoir douté de vous. J'étais bien coupable; mais, lors même que je me croyais trahi, lors même que j'essayais de vous maudire, je vous aimais encore, je vous aimais toujours.

Et, lui prenant les mains, il les couvrit de baisers passionnés.

— Écoutez-moi, ne me repoussez pas. Ce moment qui nous réunit, je l'ai acheté par assez de souffrances. Ne voudrez-vous pas m'entendre? Que craignez-vous? Vous défiez-vous de moi? Avez-vous peur de mon amour; de mon amour qui, pendant un an, est resté silencieux, a su se contenir? Vous étiez morte pour moi, vous me l'aviez dit. L'ai-je oublié un seul instant? Vous m'entendrez, car c'est Dieu qui m'envoie cette heure si longtemps implorée; vous m'entendrez, car c'est Dieu qui le veut.

— Partez! Dieu m'envoie pour vous sauver et non pour vous entendre. Le temps presse. L'abbé a tout disposé pour votre départ. Dans quelques heures, il sera trop tard. Partez, fuyez, n'attendez pas le jour. Je ne crains rien pour moi, c'est pour vous, pour vous que je tremble.

— Que vous êtes belle, et que je suis heureux! Mon bonheur est si grand que je n'ai pas même la force de maudire celle qui nous a séparés. Laissez-moi croire que le passé n'est qu'un rêve, que l'avenir nous appartient, que toute ma vie doit s'écouler ainsi, à vos pieds, vos mains dans les miennes. C'est pourtant ainsi, Gabrielle, que nous nous étions promis de vivre! Rappelez vous nos projets, nos espérances. N'est-ce pas ainsi que nos jours devaient s'écouler? Rappelez-vous l'heure où nous nous sommes dit adieu. Nous avions le cœur déchiré, nous pleurions; et pourtant, que l'avenir était beau! comme il nous souriait! que nous étions pleins de confiance! Qui nous eût dit alors, Gabrielle, qui nous eût dit que je vous retrouverais enchaînée, perdue à jamais pour moi?

— A quoi bon rappeler le passé irréparable? répondit d'un air sombre madame de Valcreuse. La destinée nous a vaincus; nous ne pouvons, sans folie, essayer de lutter contre elle. Que ce soit du moins pour nous une consolation de penser que notre malheur n'est pas notre ouvrage. Si nous avons souffert, ce n'est pas notre faute; nos larmes ne sont pas des larmes de remords.

— Vous aussi, vous avez donc souffert? Vous aussi, vous avez donc pleuré? Dites, oh! dites-le moi ; ce passé irréparable, dont vous me défendez de parler, n'était donc pas tout entier effacé de votre mémoire? Je n'étais donc pas seul à souffrir? Mon cœur n'était donc pas le seul brisé? Dites, oh! dites-moi que dans la solitude, dans le silence des nuits, vous pensiez, vous aussi, à notre bonheur détruit, à nos espérances ruinées! Dites-moi que votre âme ne me fuyait pas, tandis que la mienne vous cherchait, vous appelait! Dites-moi que nos âmes se sont rencontrées dans une même pensée, se sont confondues dans un même rêve!

— J'avais pour me soutenir le sentiment

de mon devoir, répondit madame de Valcreuse en dégageant ses mains tremblantes. Je ne m'appartiens plus; je suis liée par un serment sacré; liée à un homme que j'aime, que je vénère, qui m'a rendu le devoir facile; je serais ingrate si je ne l'aimais pas. Je l'aime, mon cœur est à lui tout entier.

— Non, vous ne l'aimez pas. J'ai lu dans vos regards, j'ai lu dans votre cœur. Pendant les jours que j'ai passés près de vous, mes yeux ne vous ont pas quittée. Vos regrets, vos larmes, votre désespoir, j'ai tout vu; ce n'est pas lui que vous aimez.

A ces mots, madame de Valcreuse se

leva avec une expression de dignité sévère.

— Restez, oh! restez, s'écria M. de Kernis en l'obligeant à se rasseoir. Les paroles d'un malheureux, égaré par la passion et la douleur, peuvent-elles vous offenser? Oui, vous avez raison, oui, c'est lui que vous aimez. Je ne suis rien dans votre vie. Fou que j'étais, comment ai-je pu croire, comment ai-je pu dire que vous m'aimiez encore! Que suis-je? comment mon souvenir pourrait-il vous troubler? J'ai reçu vos serments, vous avez juré d'être à moi, de m'appartenir, de porter mon nom, de partager ma destinée. Un tel serment violé, méconnu, vaut-il un regret, une larme, un remords? Quand je suis arrivé au château, quand vous avez refusé de me voir, ce n'est pas moi qui vous tenais captive, ce n'est pas moi qui vous condamnais à une retraite obstinée; c'était votre amour pour l'absent. Seule avec son image, vous étiez heureuse. Que vous importait le reste du monde? Plus tard, quand vous arriviez pâle, morne, éperdue, ce n'était pas ma présence qui vous consternait, qui vous épouvantait; ce n'était pas pour moi que vous pâlissiez. Votre pensée était bien loin de moi; elle suivait l'absent au-delà des mers. Quand vos yeux s'attachaient sur moi, ce n'était pas moi, c'était lui que vous cherchiez. Ah! je le sens bien, vous ne m'aimez pas, vous ne m'aimez plus; m'avez-vous jamais aimé?

— Taisez-vous, malheureux, taisez-vous, ayez pitié de moi.

— Comment avez-vous espéré me tromper? reprit M. de Kernis avec un accent d'ineffable tendresse. Comment avez-vous pu espérer me dérober le secret de votre trouble et de votre effroi? Si je n'avais senti que vous m'aimiez, serais-je demeuré près de vous? Et pourquoi ne m'aimeriez-vous plus? Qu'ai-je fait pour démériter de vous? Quand je vous ai crue fidèle, je vous aimais; quand je me suis cru trahi, je vous aimais encore. J'ai souffert, j'ai pleuré : pourquoi ne m'aimeriez-vous plus?

— C'est mon mari, mon mari seul que j'aime. Au nom de Dieu, partez!

— Je ne partirai pas, dit M. de Kernis en se levant. Pourquoi partir? Sans vous, sans votre amour, de quel prix est la vie pour moi? Pourquoi partir si vous ne m'aimez plus? Qu'ils viennent, qu'ils se hâtent; je suis prêt à mourir.

— Vous partirez! s'écria Gabrielle d'une voix ardente. Je ne veux pas que vous mouriez, je ne veux pas qu'ils vous tuent.

— Vous étiez le seul lien qui m'attachait à l'existence; je n'avais que vous au monde. La pensée seule de votre amour pouvait me soutenir, me donner la force de vivre. Déjà la vie m'était à charge. Qu'en ferais-je maintenant que vous ne m'aimez plus?

— Écoutez-moi, Gustave, écoutez-moi. Au nom du passé qui me sera toujours cher; au nom des serments que nous avons échangés, que nous aurions tenus si le ciel l'eût permis, fuyez, je vous en conjure. Les heures volent, le jour va se lever, les minutes sont comptées, la mort approche; fuyez !

— Ce n'est pas la mort, c'est la vie qui m'épouvante.

— Oh! mon Dieu, reprit Gabrielle en se tordant les bras, oh! mon Dieu, que faut-il donc lui dire! Fuyez pour vous sauver, fuyez pour nous sauver tous deux !

A ce cri de la passion si longtemps contenue, M. de Kernis, ivre de joie, saisit Gabrielle, et la pressant sur son cœur :

— Tu m'aimes donc, tu m'aimes !

Et il couvrit son front de larmes et de baisers.

— Oui, la vie peut être belle encore. Oui, je fuirai ; oui, je me défendrai, oui, je t'obéirai, Tout ce que tu voudras, je le ferai ; mais dis-moi que tu m'aimes.

Et l'enlaçant d'une étreinte convulsive, il redoublait l'ardeur de ses baisers.

Madame de Valcreuse avait épuisé ses forces et son courage dans une lutte surhumaine. La passion qu'elle combattait, qu'elle refoulait en elle-même depuis tant d'années, fit enfin explosion; explosion d'autant plus terrible qu'elle avait tardé plus longtemps. Et puis, n'était-ce pas leur dernière entrevue? N'était-ce pas l'heure des suprêmes adieux? Au milieu des dangers sans nombre qui menaçaient M. de Kernis, en face de la mort qui s'approchait peut-être, Gabrielle pouvait-elle, sans cruauté, sans impiété, lui refuser la consolation d'un aveu désormais sans danger pour elle?

— Eh bien! oui, dit-elle enfin d'une voix enflammée, oui, je t'aime! Tu le savais, tu veux l'entendre de ma bouche; eh bien! je te le dis, je suis heureuse de te le dire : je t'aime, je n'ai pas cessé de t'aimer.

Mais rougissant aussitôt de l'aveu qui venait de lui échapper, elle cacha sa tête entre les bras de M. de Kernis, et demeura muette pendant quelques instants. Puis, triomphant de sa honte, ranimée par l'imminence du danger :

— Partez maintenant, partez, Gustave. Ne soyons pas ingrats envers Dieu; n'empoisonnons pas par le remords les derniers instants de bonheur qu'il nous est permis de goûter. Que mon amour vous accompagne et vous protège !

A ces mots, M. de Kernis s'agenouilla

devant elle; Gabrielle s'inclina et le baisa au front.

M. de Kernis était prêt; mais au moment de s'éloigner, il fut retenu par une réflexion qui avait dû lui échapper dans le trouble enivré de cette entrevue; quel chemin suivre pour gagner la côte? où trouver le bâtiment qui l'attendait? Il avait compté sur l'abbé qui devait en effet le conduire. Gabrielle n'avait pas prévu cette difficulté; cependant elle n'hésita pas.

— C'est moi qui vous conduirai, lui dit-elle.

Quelques instants après, ils étaient en

selle et se dirigeaient vers la côte. Madame de Valcreuse connaissait depuis longtemps tous les sentiers qui pouvaient abréger le trajet et protéger sûrement la fuite du proscrit. La veille encore, elle avait visité la crique solitaire où M. de Kernis devait s'embarquer. Ils allaient au milieu de la nuit, rapides comme le vent. De temps en temps ils s'arrêtaient pour prêter l'oreille aux bruits confus et lointains : ils échangeaient entre eux quelques paroles de tendresse, puis repartaient au galop. A mesure qu'ils avançaient, la plaine devenait plus inculte et plus nue ; à la lueur blafarde de la lune, on n'apercevait plus çà et là que de maigres bouquets d'arbres. Bientôt ils distinguèrent la sourde rumeur de la mer ; le sabot de leurs chevaux s'enfonçait dans le sable détrempé de la plage. Ils trouvaient déjà que le trajet avait été bien court; leur amour s'était exalté dans cette course aventureuse.

Au fond d'une anse mystérieuse, que les flots avaient creusée dans les anfractuosités du roc, un sloop tout appareillé attendait M. de Kernis, qui, grâce aux instructions de l'abbé, se fit reconnaître aussitôt. La lune venait de se voiler; des flancs des nuages s'échappait une pluie fine et pénétrante. La marée montait lentement; le sloop, que la vague ne soulevait pas encore, ne pouvait partir avant deux heures.

Madame de Valcreuse et M. de Kernis ne purent se défendre d'un mouvement de joie en apprenant qu'ils avaient deux heures à passer ensemble. Ils avaient mis pied à terre. Rosette, qui venait d'arriver, tenait les chevaux par la bride. M. de Kernis enveloppa Gabrielle de son manteau, et tous deux se promenèrent en silence sur la grève, écoutant le gémissement de l'Océan, qui semblait répondre au gémissement de leurs âmes éplorées.

Cependant la pluie redoublait, M. de Kernis engagea madame de Valcreuse à chercher un abri sur le bâtiment qui devait l'emporter. C'était le vœu secret de Gabrielle, qui n'osait pourtant le dire. Elle voulait visiter la frêle embarcation à qui elle allait confier une tête si chère; mais, en se rappelant le départ de M. de Valcreuse et les derniers adieux échangés sur le pont de la frégate, elle rougissait de son désir et tremblait de l'exprimer. Toutefois, malgré sa honte, sa confusion, ses remords, elle se rendit aux instances de M. de Kernis, qui, fier et joyeux, la prit dans ses bras et la porta, plutôt qu'il ne la conduisit, dans la cabine du patron, devenu l'asile du proscrit.

VI

C'était un assez pauvre réduit que cette chambre où M. de Kernis venait d'introduire Madame de Valcreuse, et pourtant il ne s'était jamais senti plus joyeux ; jamais il n'avait pénétré avec autant d'orgueil dans les plus somptueux palais, dans la demeure des rois. Il était proscrit ; il fuyait sa patrie ; l'avenir ne lui offrait plus qu'incertitude et danger, et pourtant il n'avait jamais été plus heureux. La présence de Gabrielle avait suffi pour faire de cet humble réduit un asile enchanté. Madame de Valcreuse éprouvait une joie d'enfant ; ce qu'il y avait d'étrange et d'aventureux dans sa situation plaisait à son imagination romanesque. Elle se sentait hors des voies de la vie commune, en face de l'imprévu ; elle était émue, inquiète, et pourtant heureuse, elle aussi.

Depuis le jour où ils s'étaient rencontrés pour la première fois, ils n'avaient jamais pu échanger leurs pensées aussi librement ; ils bénissaient à leur insu le malheur qui leur valait cette heure enivrante, cette heure d'épanchement et de liberté. Ce malheur même n'était-il pas effacé de leur mémoire? N'avaient-ils pas oublié le passé, le reste du monde? Ils étaient seuls, ils s'aimaient, ils se croyaient maîtres de l'avenir. M. de Kernis faisait à Madame de Valcreuse les honneurs de sa modeste retraite avec la grâce et l'empressement que donnent le bonheur et l'amour; ses mains étaient glacées, il les réchauffait de son haleine; ses cheveux humides, il les couvrait de baisers; ses pieds engourdis, il les enveloppait de son manteau.

Cependant, la marée montait; on entendait le mugissement des vagues qui envahissaient les bas-fonds. Le vent sifflait dans les cordages; les matelots s'empres-

saient sur le pont; de temps en temps la
voix rude du patron dominait la rumeur
des flots et les cris de l'équipage. Tous ces
bruits sourds, toutes ces clameurs confuses
ajoutaient encore à l'émotion exaltée de
cette jeune femme dont toute la vie s'était
écoulée jusqu'ici dans l'isolement et le silence. Elle trouvait enfin réuni dans un
seul instant tout ce qu'elle avait rêvé ; la
réalité lui offrait ce qu'elle avait cru jusque-là n'exister que dans le monde des
chimères. Il y avait, jusque dans l'oubli
momentané des devoirs qui l'enchaînaient,
quelque chose qui, tout en l'alarmant, ne
déplaisait pas à son imagination surexcitée. Elle se rassurait en songeant que dans
une heure M. de Kernis serait parti,
qu'elle rentrerait sous le toit de Valcreuse

pour ne plus le quitter, qu'elle se retrouverait au milieu de sa famille, qu'elle reprendrait, pour ne plus le déposer, le fardeau de la vie domestique ; elle s'abandonnait sans défiance au charme de cette aventure.

M. de Kernis était assis près de Gabrielle et tenait sa main dans la sienne. Il la regardait avec attendrissement.

— Je suis proscrit, disait-il, je suis proscrit; ma tête est menacée. Je pars, je fuis la France ; qui sait si je la reverrai jamais? Et pourtant, quel ne serait pas mon bonheur, si vous m'accompagniez dans ma fuite! Ma vie ne serait-elle pas enchantée, si vous restiez près de moi? Quelle destinée plus digne d'envie que la mienne, si vous la partagiez? Oublions un instant l'abîme qui nous sépare; oublions les serments qui vous lient. Figurez-vous un instant que vous êtes libre, que nous partons ensemble. Quelle joie, quelle ivresse ne serait-pas la nôtre! Vous êtes à moi, nous partons. Nous quittons cette terre de troubles et de tempêtes; nous allons chercher sous un ciel plus clément un rivage paisible, où n'arrive jamais le bruit de la guerre; nous choisissons une retraite ignorée, nous nous aimons; nos jours s'écoulent dans la tendresse et la sérénité, et nous perdons jusqu'au souvenir des lieux où l'on souffre, où l'on s'agite. Dites-moi, Gabrielle, n'est-ce pas un beau rêve?

— Oui, mais ce n'est qu'un rêve, dit Madame de Valcreuse avec mélancolie.

— De quel amour, de quels soins je vous entourerais ! comme j'irais au-devant de tous vos désirs ! avec quelle sollicitude j'écarterais les pierres et les ronces qui pourraient meurtrir et déchirer vos pieds ! comme je vous endormirais doucement sur mon cœur ! Votre vie ne serait qu'un long jour de fête. N'est-ce pas, Gabrielle, que c'est un beau rêve ?

— Oui, mais ce n'est qu'un rêve, répéta Madame de Valcreuse avec un pâle sourire.

— Ce n'est qu'un rêve, et pourtant nous pourrions le réaliser. Si vous le vouliez,

Gabrielle, si vous m'aimiez, comme vous me l'avez dit; si votre bonheur était en moi, comme mon bonheur est en vous; si j'étais pour vous ce que vous êtes pour moi, Gabrielle, nous partirions ensemble.

Ces paroles répondaient aux plus secrètes pensées de Madame de Valcreuse. Elle les écouta sans se révolter, car elle n'y voyait qu'un vœu passionné, un vœu qui ne devait jamais s'accomplir. Et cependant, comme si elle eût craint de s'y associer, elle se tut et secoua tristement la tête.

— Voudriez-vous, reprit M. de Kernis d'une voix moins timide, voudriez-vous me laisser partir seul, malheureux? Ne voudriez-vous pas remplacer pour moi la famille que je n'ai plus, la patrie que j'abandonne? Pourriez-vous, sans vous sentir entraînée par une force irrésistible, pourriez-vous me voir m'éloigner, et, tandis que j'irais sur la terre étrangère traîner une vie errante et désolée, rester ici paisible, comblée de tous les biens que j'aurais perdus? Si vous m'aimiez, Gabrielle, si vous m'aimiez, nous partirions ensemble.

En parlant ainsi, sa voix s'animait, son regard s'enflammait; Madame de Valcreuse, comprenant enfin qu'il ne s'agissait plus d'un rêve, attachait sur lui un œil épouvanté.

— Eh bien partons, partons ensemble, poursuivit M. de Kernis d'une voix plus ardente, sans remarquer le trouble de Gabrielle. Partons, fuyons cette terre maudite où nous avons tant souffert. Une femme au cœur de vipère nous avait séparés, Dieu nous réunit; il nous offre une vie nouvelle, ne la refusons pas.

— Malheureux, que dites-vous? s'écria Madame de Valcreuse; ne mêlez pas le nom de Dieu à la passion coupable qui vous égare. Ne blasphêmez pas. Gustave, mon ami ajouta-t-elle en fondant en larmes, voilà donc le prix de mon dévoûment! J'ai voulu vous sauver et vous voulez me perdre.

— Écoute, Gabrielle, dit M. de Kernis en lui prenant les mains : écoute, répéta-t-il avec un accent convaincu. Je ne suis pas impie, je ne blasphème pas; j'en atteste Dieu lui-même, c'est lui qui nous réunit. Tu m'aimes, tu me l'as dit. Eh bien! tu ne peux plus rester. Ton mari reviendra, n'est-ce pas? On parle déjà de son prochain retour. Après l'aveu que tu m'as fait, comment oseras-tu lever les yeux sur lui? Comment pourras-tu soutenir son regard? Tu ne peux plus rester; pourquoi resterais-tu? Pour ton bonheur ou pour le sien? Ton bonheur, je l'emporte avec moi; et pour lui, que peux-tu désormais? Crains-tu de briser son cœur? A-t-on craint de briser le mien? D'ailleurs, il ne t'aime pas; s'il t'aimait, t'aurait-il quittée?

Crains-tu de violer tes serments? Quels serments plus sacrés que les nôtres? Les liens qui t'enlacent, ce n'est pas toi qui les a noués; tu peux les rompre sans remords. Ton mari ne t'aime pas : mais s'il t'aime, grand Dieu! s'il t'aime! le recevras-tu dans tes bras, quand tu brûles d'un autre amour? le recevras-tu sur ton cœur tout rempli d'une autre image? Seras-tu deux fois infidèle? Nous trahiras-tu tous deux?

M. de Kernis parla longtemps ainsi, avec tout l'entraînement d'une âme passionnée, avec toute la conviction d'un cœur loyal et sincère. Il croyait, en effet, que Gabrielle ne pouvait retourner à Valcreuse. Il ne pensait pas la détourner de son devoir; dans le naïf aveuglement de la passion, il s'imaginait que Gabrielle n'avait plus qu'un seul devoir au monde : le suivre et partager sa destinée.

Madame de Valcreuse elle-même, qui avait commencé par s'irriter, par se révolter, baissait la tête et se taisait. Des larmes coulaient de ses yeux; les sanglots gonflaient sa poitrine. Elle comprenait trop tard qu'elle avait mis le pied sur une pente impitoyable, que l'abîme était sous ses pas, qu'il l'attirait, qu'il la fascinait. Ce qui surtout la glaçait d'épouvante, c'était le retour de M. de Valcreuse; ce retour, qu'elle avait imploré d'une voix suppliante comme son unique salut, lui apparaissait maintenant comme une menace, comme un danger, comme le plus affreux malheur qui pût fondre jamais sur sa tête. Comment, en effet, pourrait-elle soutenir le regard de son mari ? comment oserait-elle désormais vivre sous son toit, paraître à sa table, s'asseoir à son foyer ? Ne tenait-elle pas tout de lui ? Peut-être aussi, pour se donner le droit de suivre le secret penchant de son cœur, s'exagérait-elle le péril auquel allait l'exposer le retour de M. de Valcreuse. Elle se taisait et ne répondait que par ses larmes et son désespoir.

— Partons, partons ensemble, répéta M. de Kernis. Pourquoi pleures-tu ? L'avenir nous garde encore d'heureux jours. Ne pleure pas ; quelle femme a jamais été plus aimée que toi ? Le vrai, le seul bonheur n'est-il pas d'aimer et d'être aimé ?

Et, dans un langage exalté, il lui présentait le tableau du bonheur qui les attendait. Tandis qu'il parlait ainsi, agenouillé devant elle, à la lueur de la lampe qui éclairait seule cette scène, il était beau, d'une beauté resplendissante. Ses yeux étincelaient; son front rayonnait d'une flamme céleste. Madame de Valcreuse le contemplait avec ivresse. Elle résistait encore, mais déjà son courage était ébranlé. Toujours à ses genoux, M. de Kernis redoublait ses instances. Elle hésitait; si Dieu ne venait à son aide, peut-être allait-elle consentir, quand tout-à-coup elle crut sentir le mouvement du navire battu par les flots. Elle se leva épouvantée, courut à la fenêtre, l'ouvrit d'une main convulsive, et ne vit devant elle que la mer que déjà l'aube blanchissait.

— Ah! c'est infâme! s'écria-t-elle en se retournant du côté de M. de Kernis. Vous m'avez trompée, vous m'avez perdue, et vous me parlez de bonheur! vous me parlez d'amour! Ah! c'est infâme! Tandis que vous étiez à mes pieds, tandis que j'écoutais vos prières, vous vous applaudissiez de votre trahison. Ah! c'est infâme! Ramenez-moi au rivage, ou je me jette à la mer.

M. de Kernis la prit dans ses bras et s'efforça de la calmer.

— Ce n'est pas moi, s'écria-t-il, ce n'est pas moi, je vous le jure, qui ai donné l'ordre du départ.

— Vous mentez! dit Gabrielle pâle d'indignation et de courroux.

— Gabrielle, au nom du ciel, écoutez-moi! Croyez-moi, croyez-en un homme qui n'a jamais forfait à l'honneur. Quand vous vous êtes levée, je me croyais encore au port.

— Vous mentez! répéta madame de Valcreuse, d'une voix foudroyante. Vous vous êtes joué de moi comme d'un enfant; vous avez lâchement abusé de ma tendresse. Voilà donc l'homme que j'aimais!

— Écoutez-moi, Gabrielle, écoutez-moi!

Je ne mérite pas votre colère; ne refusez pas de m'entendre.

— Eh bien! si vous ne mentez pas, si c'est à votre insu que nous sommes partis, qu'attendez-vous pour me reconduire à la côte?

— Venez, dit M. de Kernis la prenant par le bras, venez!

Et il l'entraîna sur le pont.

En ce moment le jour se levait, et à travers la brume que balayait le vent du matin, ils aperçurent la côte garnie de douaniers et de soldats. Plusieurs coups de feu partirent à la fois; mais les balles ne pouvaient plus atteindre le navire qui fuyait, toutes voiles dehors, avec la rapidité d'une flèche.

Que s'était-il passé? On peut le deviner. Au moment où la marée montante soulevait le sloop, où le vent fraichissait, le patron avait été averti que des soldats arrivaient en toute hâte pour arrêter M. de Kernis. Il l'avait vu entrer dans sa cabine; pour le sauver, pour se sauver lui-même, il n'avait pas un instant à perdre. Tout était prêt; il était parti.

Ce que je viens de raconter en quelques lignes, madame de Valcreuse le comprit d'un regard. Pâle, consternée, immobile, elle vit la côte s'éloigner, s'abaisser, disparaître, et lorsqu'elle l'eût perdue de vue, par un mouvement de désespoir, elle cacha sa tête entre ses mains et tomba dans les bras de M. de Kernis.

Ce navire qui l'emportait malgré elle n'offrait-il pas la fidèle image de la passion? N'est-ce pas ainsi, en effet, que la passion entraîne les cœurs imprévoyants, égarés par une orgueilleuse présomption? Nous nous aventurons d'un pied ferme et hardi jusqu'au bord de l'abîme; nous le sondons d'un œil confiant; nous croyons toujours pouvoir retourner en arrière : le vertige nous saisit, notre pied glisse, et l'abîme nous engloutit.

VII

M. de Kernis avait ramené Gabrielle dans la cabine du patron. Quand elle revint à elle-même, quand elle ouvrit les yeux et qu'elle le vit près d'elle, dans le trouble de ses sens, dans la confusion de ses pensées, son premier cri fut un cri de joie; mais bientôt, ramenée au sentiment de la réalité par la vue des flots et le mouvement du navire, elle jeta un cri d'effroi et repoussa M. de Kernis avec horreur.

— Va-t-en, laisse-moi, lui dit-elle d'une voix désespérée ; va-t'en, c'est toi qui m'as perdue. Je suis perdue, perdue sans retour. Pourquoi êtes-vous venu? Pourquoi êtes-vous resté? Comment avez-vous pu demeurer sous le toit de mon mari? Vous saviez que je ne m'appartenais plus; qu'espériez-vous? qu'attendiez-vous? Ah! je le comprends maintenant : vous aviez prévu ce qui arrive aujourd'hui; vous pressentiez que ma tendresse m'entraînerait à quelque démarche insensée, que mon imprudence, mon égarement, me livreraient à vous, mettraient mon honneur à votre merci. C'était là ce que vous attendiez, c'était là ce que vous espériez, c'était là ce que vous demandiez au ciel. Eh bien ! soyez content. Vos vœux sont exaucés : rien ne manque à mon malheur, rien ne manque à ma honte, à ma ruine. Soyez content ; il n'y a plus désormais un coin de terre où je puisse marcher tête levée. J'abandonne l'homme le plus loyal, le plus généreux, qui m'a comblée de ses bienfaits, qui m'a tendu la main, à moi, pauvre orpheline, qui m'a donné une famille ; je le trahis, je l'abandonne, je déshonore son nom qu'il m'avait confié. Et mes sœurs, et l'abbé, qui m'aimaient tant, et ma chère Irène, le sourire et la joie de ma vie, Irène que sa mère m'avait confiée à son lit de mort, Irène qui avait partagé, qui avait égayé mes mauvais jours, Irène qui vous aime, dont vous avez déchiré le cœur, je les abandonne, je les abandonne à l'heure du danger, quand la fureur des partis les menace peut-être! C'est alors que je les délaisse, c'est alors que je fuis lâchement. Et que m'ont-ils fait pour mériter cette trahison indigne? N'ont-ils pas toujours été bons pour moi? Leur affection s'est-elle lassée un seul instant? Moi qui n'étais pour eux qu'une étrangère avant d'entrer dans cette maison, ils m'avaient choisie pour reine. Ils m'aimaient tous; les serviteurs fêtaient ma présence comme celle d'une jeune souveraine dont ils auraient entouré le berceau. Ils m'aimaient tous; quand je venais m'asseoir au foyer, la joie rayonnait sur tous les visages. Dès que je souriais, tous les fronts s'éclairaient;

si j'étais triste, tous les regards m'interrogeaient avec inquiétude. Et je fuis, et je les abandonne ! Va-t-en, laisse-moi, répéta-t-elle avec désespoir. Je suis perdue, perdue sans retour.

M. de Kernis se tenait à quelques pas, debout, muet, consterné, immobile, brisé par la douleur. Il pleurait à chaudes larmes ; accablé sous les reproches de Gabrielle, il baissait la tête et ne répondait pas. Enfin il rompit le silence :

— Vous avez raison, lui dit-il d'une voix humble et défaillante, vous avez raison, c'est moi qui vous ai perdue, perdue sans le vouloir. Je vous entraîne dans ma ruine, et vous avez le droit de me maudire. Vous étiez heureuse, entourée d'une famille qui vous chérissait; vos jours étaient paisibles; j'ai passé dans votre vie comme la foudre, et maintenant il ne reste plus rien de votre bonheur. Ah! maudissez-moi, soyez sans pitié, je ne me plaindrai pas. J'ai mérité les noms les plus odieux. Ah! vous avez raison, pourquoi suis-je venu? pourquoi suis-je resté? ne devais-je pas savoir que le malheur s'attache à mes pas, que je sème autour de moi le ravage et le désespoir? Malheureux que je suis! Que puis-je vous offrir en échange des biens que je vous ai ravis? Sans toit, sans patrie, sans famille, proscrit, que puis-je vous offrir? Je n'ai que mon amour, et vous me haïssez, vous devez me haïr.

A ces mots, il se laissa tomber sur un escabeau; prit sa tête entre ses mains, et l'on n'entendit plus que le bruit de ses sanglots. En présence de cette immense douleur, en présence de cet homme dont le désespoir faisait un enfant, madame de Valcreuse ne put se contenir : elle courut à lui, et pressant sa tête contre son sein :

— Moi, te haïr! et pourquoi? sans toit, sans patrie, sans famille, proscrit, c'est ainsi que je t'aime. Non, je ne te hais pas. Si tu n'étais pas malheureux, si je n'étais pas tout pour toi, crois-tu que je vivrais? crois-tu que je n'aurais pas déjà cherché dans les flots un refuge contre la honte? Oublie les paroles cruelles qui me sont échappées, oublie les reproches dont je t'ai accablé. J'ai été injuste, pardonne-moi. Ce n'est pas toi qui m'as perdue : suis-je moins coupable que toi? C'est la fatalité, une fatalité impitoyable qui a tout fait. C'est elle, elle seule qui nous a perdus. Tu as lutté, tu as souffert comme moi. Mon Dieu, pardonnez-nous, nous avons tant souffert! Parle-moi, ne pleure pas ainsi. Reprends courage; sur qui m'appuierai-je, si tu ne me soutiens pas? Oh! parle-moi, dis-moi que tu m'aimes, dis-moi que mon amour embellira ta vie, dis-moi que dans mes bras tu ne regretteras rien. Dis-le moi, j'ai besoin de l'entendre, j'ai besoin de le croire pour ne pas mourir à tes pieds de honte et de confusion. Que ton bonheur demande grâce pour ma faute!

Et comme si cette dernière parole eût réveillé ses remords, elle se remit à pleurer.

M. de Kernis releva la tête, et à son tour la pressant contre son cœur :

— Tu seras ma joie, mon bonheur, ma vie tout entière, lui disait-il avec adoration ; sur quelque plage que le sort nous jette, là où tu seras, là sera la patrie. En quelque lieu que tu suives mes pas, le ciel sera partout avec toi. La terre fleurira sous tes pieds ; partout où tu t'assiéras près de moi, il y aura de verts ombrages sur nos têtes. Tu ne surprendras jamais un nuage sur mon front, un regret dans mon cœur. Tu ne m'entendras jamais exprimer un désir que tu ne puisses satisfaire. Tu es l'ange que Dieu m'envoie pour me guider dans mon pèlerinage. Ma vie commence et finit à toi. Les hommes usent leurs jours dans de folles ambitions; moi, je n'aurai qu'un souci, qu'une pensée, qu'une volonté, qu'une ambition : t'aimer, te le dire, te le prouver; et, quand tu me souriras, je serai plus fier et plus glorieux que si j'avais conquis un monde.

Ces alternatives d'abattement et d'exaltation durèrent longtemps encore. Tantôt madame de Valcreuse se désespérait, rougissait de son égarement, s'abimait dans sa douleur; tantôt elle relevait fièrement la tête, défiait le sort, et s'applaudissait de sa fuite; tantôt elle repoussait M. de Kernis avec violence, l'accablait de reproches et d'outrages, lui demandait compte de sa vie brisée, de son nom flétri; tantôt lui prodiguant les paroles les plus tendres, elle s'accusait elle-même et l'appelait sur son cœur. Parfois, au souvenir de M. de Valcreuse, elle se débattait avec angoisse sous les étreintes du remords; parfois, en songeant à son retour, aux tortures qu'elle aurait endurées, à l'humiliation qu'elle aurait dévorée en le revoyant, elle se trouvait heureuse, heureuse d'échapper au regard de son mari. Il y avait des instants où sa pensée se reportait avec attendrissement vers mademoiselle Armantine, vers l'abbé, vers Irène; puis elle se rappelait avec amertume, avec épouvante, ce toit sous lequel s'étaient consumées les plus belles années de sa jeunesse; elle se rappelait les cruelles confidences d'Irène, tout ce qu'elle avait souffert en l'écoutant, en voyant l'amour s'épanouir dans son jeune sein; sa jalousie se ranimait, et elle se trouvait heureuse, heureuse de fuir, heureuse d'échapper à tant de misère et de tourments. L'infortunée! savait-elle seulement ce qui se passait en elle? savait-elle ce qu'elle regrettait, ce qu'elle espérait? Sa tête n'était plus qu'un chaos où les idées les plus contraires se mêlaient dans une étrange confusion. Plus d'une fois sa raison s'égara; plus d'une fois M. de Kernis fut obligé de l'étreindre dans ses bras pour l'empêcher de se précipiter dans les flots.

Cependant, le sloop avait gagné la haute mer. Le patron et l'équipage voyaient dans madame de Valcreuse la femme ou la sœur de M. de Kernis. Sa présence ne pouvait être pour eux un sujet d'étonnement. En ces temps malheureux, il n'était pas rare de voir les femmes partager l'exil de leurs frères et de leurs maris. Plus d'une fois, le sloop qui portait Gabrielle et M. de Kernis avait conduit à Jersey des familles entières. Les matelots avaient pourtant hasardé quelques commentaires; mais bientôt des préoccupations plus graves, des soins plus importants avaient absorbé toute leur attention.

La tempête qui avait régné toute la nuit, et qui s'était un peu calmée vers le matin, se réveillait terrible et menaçante. La violence du vent qui soufflait de terre avait d'abord protégé la fuite du bâtiment en le poussant vers la haute mer ; mais, au bout de quelques heures, tous les vents se déchaînèrent à la fois. Les vagues grossissaient ; le ciel se couvrait de nuages livides, et, bien qu'on fût au mois de décembre, l'air se sillonnait d'éclairs, et la foudre mêlait sa voix sinistre aux mugissements de l'océan.

M. de Kernis et Gabrielle, tout entiers aux sentiments qui s'agitaient en eux, n'avaient d'abord rien vu, rien entendu. Cependant effrayés par les secousses du navire, qui tantôt se trouvait soulevé sur la cime des lames, tantôt semblait s'abîmer dans un gouffre sans fond, au bruit des flots qui déjà bondissaient sur le pont, au craquement de la mâture, au sifflement du vent dans les cordages, ils se turent et se regardèrent un instant avec stupeur.

Un éclair terrible déchira la nue, le tonnerre éclata.

Gabrielle pâlit et se leva.

— Gustave, dit-elle tout éperdue, Gustave, entendez-vous la voix de Dieu? entendez-vous sa colère? entendez-vous sa justice? Notre châtiment commence.

Après avoir essayé vainement de la rassurer, M. de Kernis monta sur le pont, et là, s'offrit à ses yeux un spectacle épouvantable. Le tonnerre, qui venait d'éclater, avait brisé la mâture, le gouvernail était fracassé ; un coup de vent avait emporté le maître timonnier. Les vagues se dressaient comme des montagnes autour du navire et s'écroulaient sur l'équipage. Les matelots, qui avaient lutté avec un courage héroïque, attendaient la mort avec la résignation familière aux hommes qui vivent au milieu du danger.

— Monsieur, dit le patron en se tournant vers M. de Kernis, je voulais vous sauver, mais il ne me reste qu'à mourir avec vous.

Le patron avait dit vrai : il ne leur restait plus qu'à mourir. On venait de signaler une voie d'eau. M. de Kernis allait se précipiter dans la cabine, quand il aperçut près de lui Gabrielle, pâle, échevelée. Il jeta sur elle un regard où se peignait toute sa détresse.

— Va, ne me plains pas, lui dit-elle avec un ineffable sourire, ne me plains pas : si nous n'avons pu vivre réunis, du moins nous mourrons ensemble.

En ce moment, on vit s'avancer une vague d'une hauteur prodigieuse, qui grossissait encore à mesure qu'elle s'approchait. Gabrielle cacha sa tête dans le sein de M. de Kernis, et la vague, en s'abattant comme une bête fauve sur sa proie, coucha le navire sur le flanc. D'une main, M. de Kernis se cramponna au bastingage, et de l'autre soutint Gabrielle évanouie. Il se pencha sur elle et baisa ce pâle visage, comme pour lui dire un dernier adieu.

Quelques minutes encore, c'en était fait. Le sloop, démâté, sans gouvernail, crevé au flanc, allait être englouti et disparaître sous les flots, quand tout à-coup M. de Kernis, qui attachait sur l'horizon un œil ardent, signala le premier un vaisseau qui luttait victorieusement contre la tempête, et que le vent poussait à leur rencontre.

L'équipage jeta un cri de joie:

— Sauvés! nous sommes sauvés!

Ils étaient sauvés en effet. Le vaisseau avait aperçu les signaux de détresse et mis une chaloupe à la mer. Douze rameurs venaient en toute hâte à leur secours; malgré le mauvais état de la mer, ils purent accoster le sloop désemparé, et recueillir l'équipage et les passagers.

La chaloupe eut bientôt regagné le vaisseau dont la masse imposante résistait sans effort aux assauts de l'océan. M. de Kernis enveloppa Gabrielle évanouie de son manteau, et la porta sur le pont du navire. Le visage de madame de Valcreuse était à demi-caché; cependant, le capitaine, à la forme élégante et souple du corps qui se dessinait sous les plis du manteau, n'eut pas de peine à deviner que c'était une femme. A l'attitude, à la physionomie de M. de Kernis, il avait compris aussi qu'il recevait à son bord un gentilhomme. Avec une courtoisie familière de tout temps aux officiers de notre marine, le capitaine s'empressa d'offrir sa chambre à M. de Kernis.

M. de Kernis déposa Gabrielle sur un sofa ; il lui prit les mains et la contempla quelque temps en silence. Puis, voyant qu'elle se ranimait peu à peu :

— Nous sommes sauvés, lui dit-il ; Dieu qui lit dans nos âmes nous a jugés sans colère. Nous sommes sauvés.

Et, pour la rassurer, pour réveiller dans son cœur la vie et la confiance, il murmurait à son oreille tout ce que peut inspirer l'amour le plus tendre.

Tandis qu'il parlait, Gabrielle promenait lentement autour d'elle un regard étrange, effaré.

Tout-à-coup elle bondit, courut aux armes suspendues à la boiserie, les toucha d'une main fièvreuse, détacha un médaillon, l'examina d'un œil hagard, et, se tournant brusquement vers M. de Kernis qui l'épiait avec inquiétude :

— Gustave, lui dit-elle, il ne nous reste plus qu'à nous tuer.

VIII

M. de Kernis regardait madame de Valcreuse avec stupeur, et cherchait dans ses yeux le sens des paroles qu'il venait d'entendre.

— Nous n'avons plus qu'à nous tuer! répéta Gabrielle avec l'énergie du désespoir.

— Gabrielle, ma bien-aimée, reviens à toi, dit M. de Kernis qui croyait que la raison de madame de Valcreuse s'égarait encore. Reviens à toi, nous sommes sauvés; nous allions périr, mais une frégate est venue à notre secours et nous a recueillis à son bord.

— Sauvés! sauvés! reprit madame de Valcreuse avec une terreur croissante. Tu ne comprends donc pas? tu ne m'écoutes donc pas? tu ne sais donc pas ce qui se passe? tu ne sais donc pas où nous sommes?

— Nous sommes sur un bâtiment de l'état. Rassure-toi pourtant, je n'ai rien à craindre. J'ai vu le capitaine, je lui ai parlé. Nous n'avons échangé ensemble que quelques paroles; mais nous pouvons compter sur lui. J'en crois mes instincts qui ne m'ont jamais trompé : c'est un galant homme, un homme loyal et généreux. Il ne me livrera pas aux mains de mes ennemis; il ne me ramènera pas à la côte. J'en ai la conviction, il protégera notre fuite; la frégate nous conduira où le sloop devait nous conduire. Rassure-toi donc, Gabrielle, nous sommes hors de danger; rassure-toi, Dieu est pour nous, nous sommes sauvés.

— Dieu nous maudit, nous sommes perdus; la mort est notre seul refuge.

M. de Kernis, de plus en plus effrayé de l'exaltation fébrile où il voyait Gabrielle, convaincu plus que jamais qu'elle était en proie au délire, la prit dans ses bras, et l'étreignant avec force :

— Mais à ton tour, Gabrielle, tu ne vois donc pas ce qui se passe ? Nous sommes en sûreté ; nous ne sommes plus sur ce sloop fragile qu'un coup de vent a suffi pour renverser. La frégate qui nous a recueillis a tenu bon contre la tempête. Regarde la mer : les flots se calment, le vent s'apaise, le ciel s'éclaircit, le soleil reparaît ; que la paix descende aussi dans ton cœur. Encore quelques heures, ô ma bien-aimée ! encore quelques heures, et nous toucherons une rive hospitalière.

— Encore quelques instants, répondit

d'un air sombre madame de Valcreuse ; et nous dormirons d'un sommeil éternel.

— Encore quelques heures, et nous serons à Jersey. Là, nous oublierons les dangers que nous avons courus. Là, je défierai la proscription ; là, le malheur ne pourra nous atteindre.

— Tiens, dit Gabrielle en lui tendant brusquement le médaillon qu'elle avait encore entre les mains, tiens, Gustave, regarde ce portrait.

M. de Kernis le prit, le contempla dans un muet étonnement, puis, levant les yeux sur madame de Valcreuse :

— C'est toi, c'est ton portrait? Comment ce médaillon se trouve-t-il ici?

—Malheureux! tu ne le devines pas?

— Où donc sommes-nous, juste ciel?

— Tu ne le devines pas, malheureux! Nous sommes chez mon mari.

A ce cri, M. de Kernis demeura foudroyé.

—Oh! justice de Dieu! oh! vengeance céleste! continua madame de Valcreuse d'une voix de plus en plus animée; nous le trahissions, et c'est lui qui nous sauve! nous périssions, et c'est lui qui nous tend la main ! la mer nous engloutissait, et c'est lui qui nous recueille à son bord !

— C'est impossible ! s'écria M. de Kernis ; c'est impossible ! Gabrielle, tu es folle !....

Madame de Valcreuse le saisit par le bras, et, d'une main dont la fièvre redoublait la force, l'entraînant au bout de la chambre :

— Regarde ces armes, c'est moi, malheureuse, c'est moi qui les ai placées là ! Je les reconnais bien. Regarde cette dragonne, c'est moi qui l'ai brodée. Regarde ce blason, c'est le blason de sa famille, le blason que je viens de déshonorer. Cet ameublement, c'est moi qui l'ai choisi. C'est ici que je me suis assise près de lui ; c'est ici que j'ai reçu ses derniers adieux. Malheureuse! c'est ici que ce noble cœur m'a révélé toute sa tendresse. Ah! que j'étais bien inspirée, lorsque j'essayais de le retenir! Pourquoi ne l'ai-je pas retenu? Pourquoi n'ai-je pas su trouver des paroles victorieuses? pourquoi n'ai-je pas su le convaincre? pourquoi est-il parti? pourquoi n'est-il pas resté près de moi?

— C'est impossible! répéta M. de Kernis.

— Impossible? répliqua Gabrielle. Et ce portrait, qui donc, si ce n'est mon mari, aurait le droit de le posséder? Tandis que je désertais sa maison, il avait mon image sous les yeux. Il contemplait mes traits et songeait aux joies du retour. Tiens, ajouta-t-elle en ouvrant un tiroir, regarde ces lettres; voilà l'écriture de l'abbé, voilà l'écriture d'Irène, de mademoiselle Armantine. Et l'écriture de cette lettre, regarde, la reconnais-tu? reconnais-tu la main qui l'a tracée?

M. de Kernis prit la lettre que lui tendait Gabrielle d'un air égaré, et forcé enfin de se rendre à l'évidence :

— Tu avais raison, dit-il enfin avec l'accent d'un profond découragement; tu avais raison, nous sommes maudits.

— Tu vois maintenant, mon ami, tu vois

ce qu'on gagne à sortir du devoir, à quitter le foyer, à quitter la famille! On se flatte d'échapper à la justice divine; mais les conseils de Dieu sont impénétrables, les moyens dont il se sert pour nous frapper sont étranges, imprévus, et défient toute notre prudence : notre faute est d'hier, et le châtiment ne s'est pas fait attendre. Et afin que rien ne manque à l'expiation, il choisit l'offensé pour l'instrument de sa justice. Va, je ne t'en veux pas, ajouta-t-elle en regardant avec compassion M. de Kernis, qui se sentait écrasé sous le poids du remords. Va, je ne t'en veux pas! Je sais ce que tu vaux. Tu es bon, tu es sincère; tu croyais me conduire au bonheur. Insensés que nous étions! Il n'est pas de bonheur sans le respect du devoir, sans la bénédiction de Dieu. Pourquoi détournes-tu les yeux ? Pourquoi n'oses-tu plus me regarder ! Je suis ta complice, je ne suis pas ton juge. Va, mon ami, va, je ne t'en veux pas.

— Non, tu n'es pas ma complice ; c'est moi qui t'ai entraînée, c'est moi qui t'ai arrachée à ta famille, à tes devoirs. Ange d'amour et de miséricorde, si tu ne me maudis pas, je me maudis ; mais tu n'es pas perdue sans retour. Quel est ton crime ? Tu as voulu me sauver, tu m'as suivie malgré toi. Tu parles de la justice de Dieu, c'est moi seul qu'elle doit atteindre. Le ciel a vu tes larmes, ton désespoir au moment où le navire nous emportait. Relève la tête, Gabrielle, tu es pure, tu es sans tache, tes lèvres ont à peine effleuré mon front. Je vais aller trouver M. de Valcreuse, je lui dirai toute la vérité. La vérité a des accents qui ne trompent pas. En m'écoutant, il ne pourra refuser de croire à ton innocence. Il saura tout; il comprendra tout; il t'absoudra, il te pardonnera, et mon sang suffira pour assouvir sa vengeance.

— Ne parle pas de mon innocence. Va, je suis bien ta complice. Dieu qui juge nos intentions, Dieu qui lit dans nos âmes, Dieu sait que je voulais te suivre. Tu ne m'as pas entraînée, je t'ai suivie. C'était le vœu secret de mon cœur. Quand je t'accusais, quand je te maudissais, je te trompais, je me trompais moi-même. J'étais heureuse, enivrée. Mes larmes étaient un mensonge ; je pleurais pour cacher ma joie, et quand je t'ordonnais de me ramener au rivage, si tu m'avais obéi, j'aurais cru que tu ne m'aimais pas.

— Oh! sois bénie pour tant d'amour! oh! sois bénie pour ta bonté! s'écria M. de Kernis dans un élan de reconnaissance exaltée. Sois bénie : ce que tu aimais en moi, c'était mon malheur, c'était mon abandon.

— Que pourrais-tu dire à M. de Valcreuse? moi-même que pourrais-je lui dire? Encore, si j'avais un reproche à lui adresser! s'il n'avait pas toujours été bon pour moi! si je n'avais pas trouvé sous son toit une affection assidue, une protection de toutes les heures! s'il m'avait seulement offensée de l'accent ou du regard! Mais non, son affection pour moi ne s'est jamais lassée; sa protection ne m'a jamais fait défaut. Ah! si tu savais, Gustave, ce qu'il a été pour la pauvre orpheline! Si tu savais que de soins touchants il m'a prodigués! Si tu savais avec quelle délicatesse il a ménagé ce cœur que tu lui fermais!

— Eh bien! puisqu'il est généreux, puisqu'il est grand, il te tendra la main et te relèvera.

— Comment veux-tu que je retourne sous un toit où la honte m'attend à la porte? Irai-je affronter le regard de l'abbé, de mademoiselle Armantine, d'Irène à qui je devais servir d'exemple, à qui j'ai ravi le cœur de l'homme qu'elle aimait? Irai-je exposer aux yeux des serviteurs consternés le déshonneur du maître qu'ils adorent? Le seuil ne se dérobera-t-il pas sous mes pieds? les murailles ne s'écrouleront-elles pas sur ma tête? Le pardon même de M. de Valcreuse ne pourrait me sauver. D'ailleurs, voudrais-je d'un pardon que tu ne partagerais pas, qui ne s'étendrait pas jusqu'à toi? Et comment veux-tu qu'il te pardonne? Comment veux-tu qu'il ne se venge pas sur toi?

— Qu'il se venge, dit M. de Kernis avec un geste de résignation, qu'il se venge et qu'il vous pardonne. Un jour peut-être vous m'oublierez, un jour vous retrouverez le bonheur.

— Tais-toi, Gustave, ne blasphème pas. Tais-toi, n'ajoute pas l'injure au malheur qui m'accable. T'ai-je donné le droit d'outrager mon amour? Gustave, il faut nous tuer, ajouta-t-elle avec un sang-froid terrible ; il faut nous tuer. De quelque côté que nous tournions les yeux, toute issue nous est fermée. La mer, la mer seule nous offre un refuge.

Et comme M. de Kernis, immobile et muet, la contemplait avec désespoir :

— As-tu peur, dit Gabrielle, as-tu peur de mourir? Ne dois-je pas mourir avec toi? Tout à l'heure, nous avons vu la mort face à face, et tu ne tremblais pas. Eh bien! qu'y a-t-il de changé? nous allons mourir ensemble.

A ces mots, M. de Kernis se frappa le front et se tordit les bras.

— Eh bien! Gustave, est-ce que ton courage fléchit? est-ce que la mort t'épouvante? Regarde-moi, je suis calme, je souris, je ne tremble pas.

Elle était calme en effet, et sa pâleur n'était pas la pâleur de l'effroi ; elle avait sur le front la sérénité que donnent les grandes résolutions. Prête à mourir, elle regardait d'un œil tranquille ce monde qu'elle allait quitter.

— Ce n'est pas la vie que je regrette, — c'est toi, dit enfin M. de Kernis; ce n'est pas la mort qui m'effraie, c'est ta destinée. Voilà donc où je t'ai conduite, moi qui pour te donner un jour de bonheur aurais sacrifié avec joie toute mon existence! Toi si jeune et si belle, à qui l'avenir promettait encore de longues années, toi que Dieu avait créée avec amour, voilà donc où je t'ai conduite! C'est sur toi, sur toi seule que je pleure! Ah! dis-moi que tu me pardonnes.

Et, la pressant contre son cœur, il la couvrait de larmes et de baisers.

— Moi te pardonner! que veux-tu que je te pardonne? N'est-ce pas à moi plutôt à te demander grâce ! Toi aussi, tu es jeune et beau ; toi aussi, tu pouvais encore te promettre de longs jours : la gloire, l'ambition te souriaient ; tout ce qui fait la vie des hommes heureuse, enviée, Dieu te l'avait donné. Et tu meurs ! tu meurs pour m'avoir aimée !

A ces mots, dans un mouvement de compassion mutuelle, ils confondirent leurs sanglots et leur désespoir, et se tinrent quelque temps étroitement embrassés.

Ce fut Gabrielle qui, la première, se dégagea de cette suprême étreinte.

— Allons, dit-elle, allons, Gustave.

L'heure est venue. N'attendons pas M. de Valcreuse. Mourons du moins sans subir l'affront de son regard. La mer est profonde et muette ; elle garde éternellement les secrets qu'elle a reçus dans son sein. Elle ne trahit pas le nom des victimes volontaires qui vont demander asile à ses flots. Mourons avant qu'il vienne ; qu'il ne sache pas, qu'il ne sache jamais qu'il a reçu à son bord une épouse parjure. Mourons en nous tenant par la main ; c'est un dernier bonheur, une dernière consolation que le destin jaloux ne peut nous ravir.

Elle courut à la fenêtre et l'ouvrit violemment.

La tempête achevait de se calmer. Les

vagues apaisées se teignaient de l'azur du ciel. Le soleil resplendissait; les matelots, debout dans les hunes, saluaient de leurs chants joyeux les rives prochaines de la patrie.

Ces chants enthousiastes, ce ciel pur, ces flots étincelants émurent Gabrielle jusqu'au fond de l'âme, et, avec une puissance inattendue, réveillèrent en elle l'amour de la vie.

Prête à s'élancer dans la mer, elle s'accouda sur la fenêtre et se prit à penser à tout ce qu'elle allait quitter pour jamais. Elle se rappela avec attendrissement les plaines embaumées, les ombrages mystérieux, les tours séculaires de Valcreuse.

Elle revit tous les êtres chéris qui l'attendaient encore, qui la cherchaient peut-être. Elle revit les serviteurs, attirés par le galop de son cheval, groupés au pied du perron, et lui souhaitant la bienvenue. En un instant, sa vie tout entière passa devant ses yeux, non plus triste, morne et désolée, mais souriante, égayée, radieuse. Elle entendait la voix de mademoiselle Armantine, d'Irène et de l'abbé, qui lui disaient, d'un ton de doux reproche : — Pourquoi nous as-tu quittés ? N'étais-tu pas heureuse parmi nous ? Que te manquait-il ?

Et des larmes silencieuses inondaient ses joues et sa poitrine. Cependant, triomphant de son attendrissement et ramenée au sentiment de l'heure présente par la vue de M. de Kernis qui s'était approché d'elle, elle revint à sa première résolution.

—Allons, dit-elle enfin, allons! qu'attendons-nous?

Ils venaient de s'embrasser une dernière fois, quand tout à coup la porte s'ouvrit: M. de Valcreuse entra.

XI

M. de Valcreuse avait enfin reçu ses lettres de rappel. Il est facile d'imaginer dans quels sentiments il revenait en France. Depuis les dernières lettres que nous avons transcrites, il était demeuré sans nouvelles de sa famille, et il ne savait rien de l'état de son pays depuis un an. Il n'avait rencontré sur sa route aucun bâtiment qui pût l'informer des évènements accomplis. Dévoré de jalousie, ignorant où en était la royauté, où en était la révolution, il arrivait en vue de Brest; encore quelques heures, il allait toucher la terre de France; encore quelques jours, il allait s'asseoir à son foyer.

Debout sur la dunette, tenant en main sa longue-vue, il semblait demander à l'horizon brumeux le secret de sa destinée, le secret des destinées de sa patrie. Qu'allait-il apprendre? Que s'était-il passé? Ses ordres n'étaient-ils pas arrivés trop tard? L'abbé les avait-il fidèlement exécutés? La paix et la sécurité étaient-elles rentrées dans sa maison? Allait-il rencontrer le déshonneur sur le seuil de sa porte?

Gabrielle dont le cri de détresse avait traversé les mers, Gabrielle n'avait-elle pas succombé? Son courage et ses forces n'étaient-ils pas épuisés? Luttait-elle encore?

Hector n'était pas une âme égoïste, absorbée dans la contemplation exclusive de son intérêt personnel. Il n'enfermait pas sa pensée dans le cercle de sa douleur. Au milieu même des ennuis qui le rongeaient, des tourments qui le déchiraient, il y avait place dans son cœur pour le saint amour de la chose publique. Quoiqu'il fût loin de deviner la position désespérée du roi, quoique la ruine de la vieille monarchie ne fût jamais entrée dans ses prévisions, quoique son imagination, dans ses rêves les plus tourmentés, les plus sombres, fût restée bien au-dessous de la vérité, cependant il était rempli d'effroi. Sans être ennemi de tout progrès, M. de Valcreuse avait accueilli avec tiédeur l'avènement des idées nouvelles. Il n'avait pas attendu les excès de la révolution pour se retourner du côté de la royauté; il n'avait pas partagé l'engoûment de la jeune noblesse pour les théories américaines. A ses yeux, le roi était inviolable, infaillible; il n'admettait pas que son autorité pût être remise en question, que son droit pût être discuté. Il avait un de ces caractères entiers, une de ces volontés énergiques, une de ces âmes chevaleresques, dévouées jusqu'à l'héroïsme, fidèles jusqu'à l'entêtement, incapables de renier leur culte, ne sachant jamais donner tort aux principes qu'elles ont embrassés. Ces sentiments, héréditaires dans sa famille, faisaient partie du patrimoine de ses aïeux, et se transmettaient de génération en génération. C'était un des derniers représentants de cette race de preux qu'on voyait rangés autour du trône comme autour d'un autel.

Il revenait donc prêt à verser son sang pour le roi, s'il en était besoin, mais décidé à laver d'abord dans le sang de M. de Kernis l'injure faite à son honneur.

— Malheur à toi! disait-il dans le fond de son cœur ulcéré; malheur à toi si j'arrive trop tard! malheur à toi si je te trouve près d'elle! malheur à toi si nous nous rencontrons jamais! car je te hais. Je te hais parce qu'elle t'a aimé, parce que tu es son premier amour, parce que tu m'as fermé son cœur. Je te hais pour l'année de tortures que je viens de subir. Tu n'es, je le sais, que l'instrument d'une misérable vengeance, mais l'instrument fatal, prédestiné. Si Gabrielle ne t'eût pas aimé, madame de Presmes ne t'aurait pas choisi. Instrument maudit d'une femme maudite, je te briserai! Quoi que tu fasses, un secret pressentiment me l'annonce, tu ne m'échapperas pas, et lors même que mon honneur serait demeuré sans tache, lors même que tu ne m'aurais pas offensé, je t'immolerais encore. Innocent ou coupable, n'est-ce pas toi qu'elle a aimé? n'est-ce pas toi qu'elle aime? n'est-ce pas toi qui m'as ravi le bonheur? Innocent, d'ailleurs, comment le serais-tu? Le jour où tu as pris place à mon foyer, tu m'as outragé, tu m'as défié, tu t'es offert à ma juste colère.

En vue de Brest, un de ces coups de vent si terribles et si fréquents sur les côtes de Bretagne l'avait rejeté violemment dans la haute mer. La frégate avait couru des bordées toute la nuit. Dans la matinée, assaillie par un nouveau grain, contrariée dans sa marche, louvoyant, mais sans avarie, et se jouant avec grâce comme un alcyon au milieu de la tempête, elle avait sauvé et recueilli l'équipage et les passagers du sloop désemparé. Après avoir mis sa chambre à la disposition de M. de Kernis et donné des ordres pour que rien ne manquât à l'hospitalité qu'il lui offrait, M. de Valcreuse, avide de nouvelles, impatient de connaître l'état des affaires publiques, avait fait appeler sur la dunette le patron du sloop. Dès qu'il le vit monter, il marcha en toute hâte au-devant de lui, et les questions se pressèrent aussitôt sur ses lèvres avec tant de rapidité, que son interlocuteur ne trouvait pas le temps de répondre. Que se passe-t-il? Le pays est-il enfin tranquille? Le roi a-t-il eu raison des factieux et des brouillons? La nouvelle assemblée est-elle plus sage, plus modérée et plus soumise que la première? Le peuple a-t-il compris son devoir? A-t-il compris que la vraie liberté ne peut grandir et durer qu'à l'ombre du trône? — Quelle ne fut pas sa stupeur, lorsqu'il apprit que le roi était prisonnier au Temple avec sa famille, que la déchéance de la royauté était proclamée, que la Convention était souveraine absolue et qu'elle se préparait à juger le roi! Quelle ne fut pas son indignation, en apprenant les massacres de septembre! Un instant, il oublia ses préoccupations personnelles pour ne songer qu'aux malheurs de la France et de la monarchie. Il se promenait à grands pas, pâle, agité, tourmentant de la main la garde de son épée, comme s'il se fût irrité de son inaction et de son impuissance. Après avoir épuisé toutes les questions générales :

— D'où venez-vous, dit-il au patron d'un ton bref; où alliez-vous?

— Capitaine, répondit le patron après quelques instants d'hésitation, vous tenez dans vos mains ma vie et celle des deux passagers que j'avais à mon bord. Vous nous avez sauvés, vous pouvez nous perdre.

— Rassurez-vous, reprit avec fierté M. de Valcreuse ; vous n'avez rien à craindre. Je ne vous ai pas recueillis pour vous livrer à vos ennemis, quels qu'ils soient. Je ne vous connais pas, mais vous êtes ici chez moi, et j'aimerais mieux périr que de faillir aux devoirs de l'hospitalité. Je réponds de vous sur ma tête.

— Eh bien! dit le patron dont la voix hésitait encore, je me suis embarqué ce matin, au point du jour, dans la baie de Bourgneuf.

A ce nom, M. de Valcreuse tressaillit. En un instant sa pensée le reporta sur le Marais, sur le Bocage, sur sa famille.

— Êtes-vous du Bocage ? êtes-vous du Marais ? demanda-t-il d'une voix pleine d'anxiété. La révolution a-t-elle pénétré jusque dans ces campagnes ? Là aussi l'autorité des seigneurs est-elle méconnue ? Les paysans se sont-ils révoltés ? Les familles sont-elles inquiétées au fond de leur château ? Pour qui tient le pays ? pour le roi ? pour la république ?

— Capitaine, répondit le patron, je ne

suis ni du Marais ni du Bocage. Je suis né à Saint-Nazaire; c'est là que je demeure quand je ne tiens pas la mer. Je sais pourtant, car je l'ai appris à Nantes, que le Bocage et le Marais ne se sont pas encore prononcés; mais s'ils se soulèvent, ce sera pour le roi.

— Ainsi, vous venez de Bourgneuf; où alliez-vous?

— Capitaine, j'allais à Jersey.

— Et deviez-vous y laisser vos deux passagers?

— Oui, capitaine; c'était l'unique but de mon voyage.

— Et ces passagers, qui sont-ils? émigrent-ils? sont-ils proscrits?

— Tenez, capitaine, vous m'inspirez tant de confiance, que je vais tout vous dire. Le marquis de S... venait d'être assailli à Nantes par la populace, sur le quai. Il allait être massacré, lorsque parut un jeune gentilhomme à cheval, qui courut à lui, mit le pistolet au poing, fit feu sur la foule, le prit en croupe et s'enfuit.

M. de Valcreuse l'interrompit :

— Le marquis de S...? je le connais ; c'est un de mes vieux amis. Et le brave jeune homme qui l'a délivré? son nom? est-ce lui que j'ai reçu à mon bord? Je serais heureux de lui serrer la main. Je l'embrasserais de grand cœur.

— C'est lui que je conduisais à Jersey. Il est poursuivi comme meurtrier, comme ennemi de la république. La populace de Nantes a brûlé son château, et, ce matin, notre départ a été salué par un feu de mousqueterie qui heureusement n'a tué personne; nous étions hors de portée.

— Et ce gentilhomme est-il de la Bretagne ou du Bas-Poitou?

— L'abbé Gervais, qui a traité avec moi, ne m'en a rien dit. Tout ce que je sais, c'est que son château était dans le Marais.

— L'abbé Gervais! s'écria M. de Valcreuse.

— Oui, capitaine, un brave, un excellent homme, aimé, vénéré dans le pays. C'est lui qui a sauvé le passager que j'allais déposer à Jersey; c'est lui qui l'a tenu caché pendant plusieurs semaines; c'est lui qui a concerté toutes les mesures, qui a tout disposé pour sa fuite.

— Et cette femme qui l'accompagne, qu'il tenait dans ses bras, qu'il enveloppait de son manteau, est-elle sa femme ou sa sœur?

— Ma foi, capitaine, je n'en sais rien; l'abbé Gervais ne m'avait parlé que d'un seul passager, et je dois même vous dire que ce matin, quand je suis parti, j'ignorais qu'il y eût une femme avec lui.

— Vous l'avez vue, pourtant? Est-elle jeune? est-elle belle?

— Elle est jeune, elle est belle, répliqua le patron d'un air indifférent.

— Mais, le nom du gentilhomme?

— Le comte de Kernis; c'est ainsi que le nommait l'abbé Gervais.

— Et vous dites, ajouta d'une voix altérée M. de Valcreuse, pâle et frémissant, vous dites qu'elle est jeune, vous dites qu'elle est belle?

— A parler franc, capitaine, je l'ai à peine entrevue. Nous partions, on faisait feu sur nous; cependant, elle m'a semblé belle. Son visage a la blancheur de l'ivoire, ses cheveux sont noirs comme l'ébène.

— Et vous dites que c'est le comte de Kernis?

— C'est là, du moins, ce que m'a dit l'abbé.

— C'est bien, reprit Hector, c'est bien, laissez-moi.

Le patron alla rejoindre son équipage, et M. de Valcreuse resta seul.

Il se promena quelque temps sur le pont de la frégate, d'un pas grave et mesuré; nul n'aurait pu lire sur son front ce qui se passait au fond de son cœur. Un mot, un regard lui suffisaient pour éclaircir l'énigme terrible dont la solution le torturait depuis plus d'un an, et cependant il hésitait. Il reculait devant la lumière qu'il avait si longtemps cherchée; face à face avec le secret de sa destinée, il n'osait lever les yeux et tremblait de mesurer son malheur.

Enfin, comme s'il eût été emporté par l'orage qui grondait en lui, comme si le plancher de sa frégate lui eût brûlé les pieds, il se dirigea vers sa chambre d'un pas rapide, ouvrit la porte et s'arrêta sur le seuil, au moment où Gabrielle et M. de Kernis allaient en finir avec la vie.

Il y eut un instant de silence, pendant lequel M. de Valcreuse les tint palpitants sous son regard. Gabrielle, debout, immobile, comme si ses pieds eussent été rivés au parquet, le contemplait d'un air effaré, comme un juge envoyé par Dieu. M. de Kernis se tenait près d'elle, comme pour la protéger. Sans humilité, sans forfanterie, son attitude calme et résignée défiait à la fois la colère et la pitié. Quant à M. de Valcreuse, il était beau, de cette beauté mâle et sévère que donne au visage une grande âme profondément émue. Pendant les trois années qui venaient de s'écouler, le soleil de l'Inde avait achevé de brunir son front; la douleur y avait gravé son empreinte et donnait à ses traits quelque chose d'austère et de majestueux.

Ce fut M. de Kernis qui, le premier, rompit le silence.

— Monsieur, dit-il en s'avançant vers lui, je suis le comte de Kernis. Il n'y a ici qu'un coupable, c'est moi. Madame de Valcreuse ne m'a pas suivi librement. C'est moi qui, par une ruse infernale, l'ai entraînée. J'ai abusé de sa générosité. Avertie qu'on devait m'arrêter au point du jour dans la retraite que l'abbé m'avait choisie, madame de Valcreuse est venue à moi pour me sauver; elle m'a servi de guide jusqu'au bâtiment qui devait m'emporter. Là, je l'ai retenue, et, tandis que je la suppliais de partager mon exil, tandis qu'elle repoussait ma prière avec indignation, le navire a mis à la voile, et nous étions en pleine mer, quand elle s'est aperçue que nous avions quitté la côte. C'est moi seul qui suis coupable; moi seul qu'il faut punir; ma vie vous appartient.

— Ne le croyez pas, dit Gabrielle, ne l'écoutez pas. Il vous trompe, il ment. Je suis coupable autant que lui. J'ai voulu le suivre, je l'ai suivi. Prenez donc aussi ma vie, tuez-nous tous deux.

— Ainsi, monsieur le comte, dit enfin M. de Valcreuse, voilà comment vous comprenez vos devoirs de gentilhomme ! Tandis que le roi était arraché violemment de son palais, vous étiez établi chez moi, n'ayant d'autre pensée, d'autre ambition que de séduire une femme sans défense ! Vous étiez assis à ma table, à mon foyer. et vous profitiez lâchement de mon absence pour vous emparer d'un cœur que je ne pouvais vous disputer ! Vous apportiez le trouble et la honte dans une maison dont le maître n'était pas là pour vous châtier ! Noble courage ! gloire vraiment digne d'envie ! Tandis que la royauté s'écroulait, tandis que le roi poussait un cri de détresse, quand vous pouviez mourir avec honneur en répandant votre sang pour lui, quand toute la noblesse aurait dû se presser autour du monarque outragé, quand tous ses serviteurs auraient dû lui faire un bouclier de leurs corps, vous, monsieur le comte, pour soutenir dignement le nom de vos aïeux, pour ajouter un nouvel éclat à votre blason, vous déshonoriez le toit qui vous avait accueilli, vous trahissiez votre hôte absent, dont l'œil ne pouvait vous surprendre, dont l'épée ne pouvait vous atteindre! Et maintenant que le roi est prisonnier, maintenant qu'on va le juger, maintenant que sa tête est peut-être menacée, vous, digne fils d'une race illustre, pour consoler les ennuis de votre exil, vous enlevez la femme que vous avez séduite!

— Monsieur, reprit avec dignité M. de Kernis, je connais ma faute et ne cherche point à me justifier; mais en mettant ma vie à votre disposition, je vous ai ôté le droit de m'outrager.

— Plus tard, Monsieur, plus tard. Je ne veux pas faire l'office du bourreau. Vous êtes proscrit, je vous ai sauvé, je vous ai recueilli à mon bord : aujourd'hui, vous m'êtes sacré. Vous alliez à Jersey, je vais vous y conduire. Nous aurons des jours meilleurs; la France ne vous sera pas toujours fermée. Nous nous retrouverons, et sans doute je n'aurai pas besoin de vous rappeler l'offre que vous venez de me faire.

En achevant ces mots, il fit quelques

pas vers Gabrielle, et d'une voix grave, où se trahissait plutôt la douleur que la colère :

— Quand je vous ai tendu la main pour la première fois, lui dit-il, vous étiez libre, vous pouviez la refuser, et pourtant vous l'avez acceptée. Les paroles que vous avez prononcées, votre main dans la mienne, sont demeurées gravées dans ma mémoire et ne s'effaceront jamais. Vous ne répondiez pas de mon bonheur, mais vous promettiez de garder sans tache et sans souillure l'honneur du nom que je vous confiais. Ce que vous avez fait pour mon bonheur, je n'ai pas besoin de vous le dire. Ce que vous avez fait de l'honneur de mon nom, je vous le demande.

A ce reproche si mérité, exprimé avec une modération si accablante, Gabrielle demeura muette et fondit en larmes.

M. de Valcreuse la fit asseoir, s'assit près d'elle, et, se tournant vers M. de Kernis :

— Restez, Monsieur, restez; vous n'êtes pas de trop, lui dit-il. Puis, s'adressant à Gabrielle qui baissait les yeux et pleurait en silence :

— En vous épousant, poursuivit-il, j'ai pris devant Dieu l'engagement solennel de vous protéger, de veiller sur vous, de vous défendre. Quel que soit votre égarement, quoi que vous ayez pu faire, en trahissant vos serments vous ne m'avez pas affranchi des miens. Mes devoirs envers vous demeurent entiers; la promesse que je vous ai faite, que j'ai faite au ciel, je la tiendrai jusqu'au bout. Je ne veux pas que Dieu puisse un jour me reprocher de ne vous avoir pas tirée de l'abîme, quand je n'avais peut-être qu'à vous tendre la main. Rassurez-vous; ce n'est pas un juge, ce n'est pas un maître qui vous parle. Dès à présent, vous êtes libre, et, quand j'aurai parlé, vous-même déciderez de votre destinée.

Après quelques instants de recueillement, il reprit :

— Savez-vous bien ce que vous quittez?

Savez-vous bien ce que vous allez chercher? Croyez-vous laisser le malheur derrière vous? croyez-vous aller au-devant du bonheur? Si je le croyais, si je pouvais le croire, je n'essaierais pas de vous retenir, tout serait fini entre nous; mais la passion vous aveugle, et je dois vous éclairer; vous courez à votre perte, et je dois vous signaler le danger. La vie est longue, Gabrielle, et la passion dure trop peu pour pouvoir la remplir tout entière. Que deviendrez-vous quand elle sera éteinte dans votre cœur désabusé, ou dans le cœur de l'homme que vous aurez suivi? Que deviendrez vous sur la terre étrangère, loin des vôtres, loin des affections qui ne se lassent jamais, qui seules peuvent donner la paix et la dignité? Que deviendrez-vous loin de la patrie, loin de la famille, traînant après vous le regret des biens méconnus, le remords d'une faute irréparable? Je ne vous parle pas des cœurs que vous aurez brisés; mais, quelle sera votre place dans le monde? Ne vous y trompez pas : il y a partout des juges sévères; le désordre est partout condamné; partout la société est implacable pour ceux qui bravent ses lois. En quelque lieu que vous portiez vos pas, les hommes se croiront affranchis du respect envers vous; les mères, à votre approche, s'éloigneront avec leurs filles : la solitude se fera autour de vous, et l'amour, qui seul pourrait vous soutenir, l'amour périra bien vite dans cette atmosphère de réprobation. Dites-moi, Gabrielle, est-ce là l'avenir que vous aviez rêvé? est-ce là la destinée que vous vous êtes promise?

— Que puis-je faire, maintenant? répondit madame de Valcreuse d'une voix qu'étouffaient les sanglots; que puis-je faire? Votre maison ne m'est-elle pas fermée à jamais? n'ai-je pas perdu le droit de franchir le seuil de votre porte?

— Cependant, Gabrielle, si je vous ramenais dans cette maison que vous croyez à jamais fermée pour vous?

— Mais le pouvez-vous? Demain, ma honte ne sera-t-elle pas connue de tous? Aujourd'hui même, à l'heure où je vous parle, tous vos serviteurs ne sont-ils pas instruits de ma fuite? Votre sœur ne maudit-elle pas le jour où je suis entrée sous votre toit? Le mal est irréparable; votre générosité s'efforcerait en vain de me sauver.

— Je peux vous sauver; je le peux si vous le voulez. Je ne vous donnerai pas le bonheur. Je ne l'attends plus de vous, comment pourrais-je vous le promettre? Il y aura toujours entre nous une barrière que nous ne voudrons pas franchir. Mais je couvrirai votre faute de mon silence; mais je vous relèverai, et votre chute sera ignorée de tous; mais je vous rendrai la place et le rang que je vous avais donnés. Vous pourrez marcher tête levée, paisible, honorée, et jamais une parole de reproche ne s'échappera de mes lèvres.

Et comme Gabrielle, écrasée, anéantie par tant de générosité, hésitait à répondre :

— C'est à vous de choisir, ajouta M. de Valcreuse. Dites un mot, et je vous conduis à Jersey, ou je vous ramène avec moi.

En ce moment, Gabrielle jeta sur M. de Kernis un regard de détresse, et voyant qu'il baissait les yeux :

— Monsieur, dit-elle s'adressant à M. de Valcreuse, si ma faute était aussi grande, si j'étais aussi coupable que vous avez le droit de le penser, plus sévère que vous, je me condamnerais sans retour, et j'accepterais dans toute sa rigueur la destinée que je me serais faite. Je ne marcherai jamais tête haute, mais je puis vous suivre... et je vous suivrai, ajouta-t-elle d'une voix mourante.

— Monsieur le comte, dit Hector en se tournant gravement vers M. de Kernis, dans quelques heures, je vous déposerai à Jersey.

— Prenez garde, Monsieur, répondit M. de Kernis. Brest et Saint-Malo sont en feu. Vous êtes parti au service du roi, vous êtes en ce moment au service de la république. Si vous me conduisez à Jersey, et si un de vos matelots vous dénonce, vous êtes perdu.

— Je suis sûr de mon équipage, repartit M. de Valcreuse, et d'ailleurs votre salut dût-il me coûter la vie, vous êtes proscrit, je vous ai reçu à mon bord, vous êtes sacré pour moi : je vous conduirai à Jersey. J'accomplis mon devoir ; n'oubliez pas le vôtre. Venez, monsieur le comte, ajouta résolument Hector ; je vais donner les ordres nécessaires pour votre débarquement.

A ces mots M. de Valcreuse ouvrit la porte de sa chambre.

M. de Kernis s'inclina avec respect devant Gabrielle, qui lui tendit la main. Il la saisit, l'étreignit avec force, et, dans une attitude dont rien ne saurait rendre la muette éloquence, il demeura quelques instants à contempler ce pâle visage, où se peignaient à la fois la résignation et le désespoir.

Debout sur le seuil de la porte, M. de Valcreuse regardait d'un œil jaloux cette scène déchirante. Il les séparait, et il portait envie à leur douleur.

— Venez, monsieur le comte, venez.

Et il l'entraîna sur le pont.

Le vent avait poussé la frégate dans la direction de Jersey. Le lendemain, au point du jour, on aperçut, à travers la brume, cette île hospitalière, qui était alors un lieu de refuge pour les émigrés des provinces de l'Ouest, et qui devint plus tard un foyer de complots contre la république.

On mit la chaloupe à la mer.

Au moment où M. de Kernis se préparait à quitter le bord en présence de l'équipage réuni, M. de Valcreuse, qui n'avait pas cessé un seul instant de le traiter avec une courtoisie parfaite, s'approcha de lui, et, d'une voix assez élevée pour être entendu de tous :

— Soyez sans inquiétude, monsieur le comte ; je vous ai promis de ramener votre sœur dans sa famille : je tiendrai ma promesse.

— Moi aussi, Monsieur, je tiendrai la mienne, repartit M. de Kernis.

Ils se saluèrent avec dignité, et ce furent les dernières paroles qu'ils échangèrent ensemble.

Accoudée sur la fenêtre de la chambre où elle avait passé la nuit, Gabrielle vit la chaloupe s'éloigner, se perdre dans la brume. Il lui sembla d'abord que cette embarcation fragile emportait son âme tout entière. Un instant elle s'accusa de lâcheté, se rappelant qu'il était proscrit, malheureux, abandonné de tous ; elle se dit qu'il avait compté sur elle et qu'elle lui manquait. Un instant la passion indignée se révolta contre ce dénoûment prosaïque d'une aventure commencée sous si de poétiques auspices; un instant son cœur se souleva contre elle-même.

— C'est ma vie qui s'en va, se disait-elle en suivant d'un œil noyé de larmes la chaloupe qui portait M. de Kernis; c'est ma vie, c'est l'amour, c'est le bonheur. Que pense-t-il de moi, à cette heure? Sans doute il croit que je ne l'ai jamais aimé, que je l'aurais suivi s'il n'était malheureux; et pourtant c'est son malheur même qui m'attachait à lui, c'est son malheur même que je regrette et que j'aurais voulu partager. Adieu donc, joie de ma jeu-

nesse! adieu, premier et dernier amour!
Mes jours se passeront à te pleurer, et
mon âme désolée ne se nourrira plus que
de souvenirs.

La chaloupe disparut dans la brume.

Madame de Valcreuse quitta la fenêtre,
et se prit à réfléchir sur son amère destinée. Après quelques heures d'abattement,
de muet désespoir, elle releva la tête et
promena autour d'elle un regard étonné.
Elle était chez son mari, elle allait revoir
Irène, l'abbé, tous les êtres excellents qui
l'aimaient, qu'elle avait cru perdus sans
retour, et, chose étrange! quand sa pensée
se reporta vers M. de Kernis, elle éprouva
comme un sentiment de délivrance.

X

L'alarme et l'épouvante étaient au château de Valcreuse. Quelques heures après le départ de M. de Kernis, les soldats qui étaient arrivés la veille à Machecoul, avaient cerné la ferme et acquis la conviction qu'elle était abandonnée depuis quelques instants à peine : les cendres du foyer étaient encore tièdes ; tout accusait le désordre d'un départ précipité ; des papiers récemment brûlés encombraient la cheminée. Furieux de n'avoir trouvé personne, ils se rabattirent sur le château où tout le monde dormait encore. Au bruit des chevaux qui s'arrêtèrent à la porte, les serviteurs effrayés se réveillèrent en sursaut ; aux sommations faites au nom de la loi, ils ouvrirent, et les cavaliers, le pistolet au poing, se précipitèrent dans la cour, tandis qu'un détachement gardait les issues. Mademoiselle Armantine et l'abbé furent bientôt sur pied ; Irène elle-même, en entendant les éperons et les sabres qui retentissaient sur les escaliers, s'était levée à la hâte, et, demi-vêtue, tremblante, s'était réfugiée dans la chambre de mademoiselle Armantine. Il se passa une de ces scènes de tumulte et de confusion si communes en ces temps malheureux, et dont aucune parole ne saurait donner une image fidèle. Tous les appartements furent visités, tous les lits fouillés sans pudeur. Exaspérée par l'inutilité des recherches, la populace de Nantes, qui s'était bien gardée de manquer à une si belle fête, se porta à des excès que la force armée n'eut pas le courage de réprimer. Elle mit en lambeaux les plus riches parures de mademoiselle Armantine, brisa les écussons, insulta l'abbé, et, pour se consoler de son désappointement, défonça au milieu de la cour un tonneau et s'abandonna à la plus crapuleuse ivresse. Après s'être abreuvée de vin à défaut de sang, elle reprit en chantant le chemin de la ville, semant sur son passage des germes de vengeance, qui devaient éclore quelques mois plus tard.

L'effroi qui régnait au château était tempéré par la pensée consolante que M. de Kernis était sauvé. Aussitôt après le départ des cavaliers, dès qu'il n'entendit plus les cris et les chants confus de la populace avinée, l'abbé courut à la plage, trouva la crique déserte et apprit par des pêcheurs que le sloop avait mis à la voile au point du jour, sous un feu de mousqueterie qui n'avait pu l'atteindre, grâce au vent qui soufflait de terre. Il revint joyeux, songeant qu'il avait sauvé du même coup M. de Kernis et Gabrielle. Le soir, quand il rentra, il trouva le château en proie à de nouvelles inquiétudes. Tous les serviteurs avaient le visage bouleversé et l'interrogeaient du regard comme s'ils eussent attendu de lui la révélation d'un secret important. Du plus loin qu'elles l'aperçurent, mademoiselle Armantine et Irène, tout effarées, coururent au devant de lui.

— Qu'y-a-t-il encore? demanda l'abbé avec anxiété. Les cavaliers sont-ils revenus? ont-ils fait une nouv... perquisition? la populace vous a-t-elle outragées? Rassurez-vous, M. de Kernis est sauvé ; je viens de la côte, la crique est vide, le sloop est parti ce matin. Les douaniers ont fait feu : mais leurs balles se sont éteintes dans la mer.

— Et Gabrielle ? s'écrièrent en même temps mademoiselle Armantine et Irène. Gabrielle, l'avez-vous rencontrée ?

— Rencontrée ? dit l'abbé ; madame de Valcreuse n'est-elle pas ici ?

— Sa chambre était vide quand les soldats y ont pénétré, et Gabrielle n'a pas reparu de la journée.

A ces mots, l'abbé pâlit, et bien qu'il fût loin encore de deviner toute la vérité, cependant il en eut comme un confus pressentiment.

Ils arrivaient au pied du perron ; les serviteurs se groupèrent autour d'eux. Le nom de madame de Valcreuse était sur toutes les lèvres.

— Quelqu'un de vous, s'écria l'abbé, l'a-t-il vue sortir? De quel côté s'est-elle dirigée?

— Aucun de nous ne l'a vue sortir.

— Manque-t-il un cheval à l'écurie?

— Pas un. Le cheval de madame de Valcreuse est au ratelier.

Quelques instants après le départ de la force armée, au milieu du trouble et de la confusion qui régnaient encore au château, Rosette avait, sans qu'on s'en aperçût, ramené les chevaux à l'écurie, et les avait dessellés et débridés. Tandis que l'abbé questionnait les visiteurs, Rosette, assise sur une des marches du perron, les cheveux au vent, le coude sur son genou, le menton dans sa main, le regardait d'un air indifférent.

— Et toi, petite, demanda l'abbé, n'as-tu rien vu? ne sais-tu rien? Toi qui rôdes partout comme un furet, n'as-tu pas rencontré madame de Valcreuse?

— Non, monsieur l'abbé, répondit Rosette sans changer d'attitude.

— Toi, levée tous les jours avec l'aube,

en conduisant tes moutons sur la colline tu n'as pas vu sortir ta maîtresse ?

— Non, monsieur l'abbé.

— Qui donc est allé avertir M. de Kernis ?

— C'est moi. J'avais appris la veille, à Nantes, qu'on devait venir l'arrêter au point du jour.

— Qui donc l'a conduit à la côte ?

— C'est moi.

— Qui a ramené son cheval ?

— Moi.

— Et, en revenant, tu n'as vu personne qui eût rencontré madame de Valcreuse?

— Non, monsieur l'abbé, répondit Rosette, attachant sur lui ses grands yeux, où il cherchait vainement à lire.

Rosette ne se rendait pas compte du départ de sa maîtresse; mais, à l'inquiétude qui se peignait sur tous les visages, aux questions qui lui étaient adressées, elle comprenait qu'elle ne devait rien dire; rien au monde ne l'aurait décidée à parler. Il y avait, d'ailleurs, dans la promenade nocturne de madame de Valcreuse, dans sa fuite imprévue, quelque chose qui ne déplaisait pas à l'imagination de la petite bohémienne. L'abbé, qui connaissait depuis longtemps l'instinct rusé, la discrétion obstinée de cette enfant, son attachement passionné pour Gabrielle, se doutant qu'elle en savait plus qu'elle n'en disait, l'appela dans sa chambre et la pressa de questions. Prières, menaces, tout fut inutile; et quand l'abbé lui annonça, espérant délier enfin sa langue, qu'elle allait quitter le château, qu'elle pouvait dès à présent chercher un gîte ailleurs, elle répondit sans s'émouvoir :

— Croyez-vous donc me chagriner? Pour qui resterais-je ici, puisque madame n'y est plus? Croyez-vous qu'en partant je vous regrette, vous ou mademoiselle Armantine? Je ne m'amusais pas déjà, tant au milieu de vous. Puisque madame est partie, j'aime mieux vivre en plein air et dormir à la belle étoile.

L'abbé vit bien qu'il ne pourrait rien obtenir d'elle, et, comme elle se disposait à s'éloigner, il fut obligé de supplier pour la retenir.

Après ce nouvel interrogatoire qui n'avait pas eu plus de succès que le premier, l'abbé se rendit seul dans la chambre de Gabrielle et s'assura que la lampe avait dû brûler toute la nuit et s'était éteinte d'elle-même. Il en conclut naturellement que madame de Valcreuse était sortie avant le jour. La cravache à pommeau d'or ciselé, suspendue habituellement au-dessous d'un portrait de famille, avait disparu. L'abbé la chercha vainement ; madame de Valcreuse était donc partie à cheval. Il courut aux écuries, le cheval de Gabrielle était encore couvert d'écume et de sueur ; elle avait donc fait un long trajet. Au-dessus du sabot, les poils étaient encore imprégnés d'un sable humide et fin ; elle avait donc été sur le bord de la mer. Ainsi tout se réunissait pour lui prouver qu'elle avait accompagné M. de Kernis. Quand il revint au salon, mademoiselle Armantine et Irène, dont chaque instant redoublait les angoisses, s'empressèrent autour de lui.

— Eh bien ! mon cher abbé, qu'avez-vous appris? savez-vous enfin où est notre Gabrielle? Rosette a-t-elle enfin parlé? Si quelqu'un ici peut nous mettre sur la voie, c'est elle à coup sûr.

Sans répondre à aucune de ces questions, l'abbé consterné alla s'asseoir sous le manteau de la cheminée, à sa place ordinaire, et se mit à songer, tandis que mademoiselle Armantine et Irène, effrayées de son silence, l'examinaient avec un redoublement d'inquiétude. L'abbé demeura longtemps absorbé dans ses réflexions. Tous les indices qu'il avait recueillis avec un soin scrupuleux, dénonçaient la fuite de madame de Valcreuse, et pourtant il doutait encore. Enfin, comme s'il eût répondu à une accusation offensante :

— C'est impossible, s'écria-t-il en se levant, c'est impossible !

— Que dites-vous, monsieur l'abbé? demanda mademoiselle Armantine. Qu'y a-t-il d'impossible? Que dites-vous? parlez.

— Que dites-vous? demanda Irène à son tour, Irène qui déjà éclairée par l'instinct de la jalousie, entrevoyait confusément une part de la vérité, et qui avait frissonné à l'exclamation de l'abbé. Que dites-vous? qu'y a-t-il d'impossible?

— Je dis, reprit l'abbé essayant de déguiser son trouble, je dis que madame de Valcreuse ne saurait tarder à rentrer. Il est impossible en effet, qu'elle ne revienne pas ce soir même. Un paysan sera venu la chercher pour une œuvre de bienfaisance : elle aura passé la journée au chevet de quelque malade, et sans doute à cette heure elle est sur la route du château.

— Vous avez raison, reprit mademoiselle Armantine qui ne demandait qu'à se débarrasser de toute inquiétude, de toute préoccupation sérieuse; vous avez raison. Comment ne l'avons-nous pas deviné plus tôt? Un paysan sera venu la chercher pour une œuvre de bienfaisance; elle aura passé la journée au chevet de quelque malade, et nous allons la voir arriver.

Irène, dont la tendresse était plus difficile à convaincre, et que la jalousie rendait encore plus défiante et plus incrédule, Irène n'accepta pas si aisément les conjectures de l'abbé.

— Mais vous n'y songez pas, dit-elle. Gabrielle n'a pas l'habitude de sortir seule au milieu de la nuit; lorsqu'une œuvre de bienfaisance l'appelle au loin, elle part accompagnée d'Yvon ou de Noëlic, et, s'il lui arrive de sortir seule avant notre réveil pour secourir quelque misère, pour soulager quelque souffrance, elle ne laisse jamais la journée s'écouler sans revenir, ou tout au moins sans nous envoyer un exprès.

En voyant la défiance et l'incrédulité d'Irène, l'abbé devint de plus en plus sombre. Les soupçons qui, d'abord, s'étaient présentés à son esprit sous une forme vague et indécise, se dessinaient de plus en plus nettement. Il n'en pouvait plus douter, Gabrielle était partie avec M. de Kernis.

Bientôt la conviction de l'abbé passa dans le cœur d'Irène, quoiqu'il n'eût pas dit un mot pour révéler à cette enfant une pensée qu'il aurait voulu se cacher à lui-même. A la lueur de la lampe, ils se regardaient à la dérobée, comme si chacun d'eux eut craint d'être deviné. Mademoiselle Armantine persistait seule dans sa sécurité. A chaque instant elle s'attendait à voir entrer Gabrielle, et, malgré l'absence prolongée de sa belle-sœur, malgré la scène du matin, elle brodait au crochet avec autant de calme et de sérénité que si toute chose fût demeurée dans l'ordre accoutumé. De temps en temps l'abbé se levait, ouvrait la fenêtre, plongeait dans la nuit un regard avide, prêtait l'oreille aux rumeurs lointaines, et revenait s'asseoir d'un air découragé. Quelques minutes plus tard, ne pouvant tenir en place, il descendait pour interroger les messagers qu'il avait envoyés dans les fermes voisines. Parfois Irène le suivait, craignant qu'il ne lui cachât une partie des nouvelles qu'il aurait apprises.

La soirée finissait; minuit venait de sonner à l'horloge du château et Gabrielle ne paraissait pas. Mademoiselle Armantine elle-même, que les paroles de l'abbé avaient un instant rassurée, commençait à s'alarmer de nouveau. Noëlic et Yvon, qui accompagnaient habituellement madame de Valcreuse dans ses excursions, qui connaissaient toutes les chaumières visitées par la bienfaisance de leur maîtresse, avaient battu vainement tous les environs. Les exprès envoyés dans les châteaux voisins étaient revenus sans nouvelles. Quelques serviteurs à cheval, armés de flambeaux, parcouraient encore la campagne. La nuit s'acheva, le jour vint; Gabrielle n'avait pas reparu.

Une semaine s'était écoulée depuis le

départ de madame de Valcreuse, et les choses en étaient au même point que le premier jour. On ne la cherchait plus, on la pleurait comme une morte. Les serviteurs croyaient en effet qu'elle était morte. Le bruit courait dans le pays qu'au moment où elle se promenait sur la côte, elle avait été jetée à la mer par un coup de vent. Irène et l'abbé, qui savaient seuls à quoi s'en tenir, gardaient leur secret avec un soin jaloux, et ne s'étaient pas confié leur commune pensée. L'abbé aimait mieux laisser pleurer la mort de Gabrielle que son déshonneur. Cependant le retour d'Hector ne pouvait être éloigné. Le vieil amiral avait écrit à mademoiselle Armantine pour lui annoncer que M. de Valcreuse venait enfin de recevoir ses lettres de rappel. M. de Valcreuse allait donc arriver. Que répondrait l'abbé, lorsqu'Hector, d'une voix sévère, lui demanderait compte du dépôt qu'il lui avait confié? Que répondrait-il à ces questions terribles : Je vous avais donné mon honneur à garder, qu'en avez-vous fait? Qu'avez-vous fait de mon bonheur? Où est ma femme?

Irène n'était plus la jeune fille gaie, folâtre, que nous avons connue. Elle ne souriait plus, elle ne chantait plus, elle ne réjouissait plus la maison du frais éclat de sa voix et de la grâce de ses saillies. Elle était sombre, inquiète, agitée; à son tour elle était jalouse, comme si Gabrielle lui eût rendu le mal qu'elle avait souffert. Elle ne doutait plus que sa cousine n'eût accompagné M. de Kernis dans sa fuite; et pourtant, à cette pensée, sa tendresse se révoltait, il y avait encore dans son cœur une voix que la jalousie ne pouvait étouffer, et qui défendait Gabrielle.

Mademoiselle Armantine avait passé de l'inquiétude à l'aigreur. Elle en était arrivée à croire que l'absence de sa belle sœur n'avait d'autre motif qu'un pur caprice, un goût insensé, une passion folle pour la vie d'aventures. Sans doute madame de Valcreuse, qui ne faisait rien comme personne, qui pensait, qui agissait à sa guise, était dans quelque château ou courait le pays par curiosité. Elle reviendrait d'un jour à l'autre et s'étonnerait du trouble qu'elle avait causé.

Un soir, ils étaient réunis tous trois autour de l'âtre à peine éclairé par les tisons à demi consumés. Il se faisait tard. Irène, tout entière aux cruelles préoccupations qui l'obsédaient, regardait d'un œil distrait la braise pâlissante. Les chiens d'Hector, couchés à ses pieds, tournaient les yeux vers la place vide de Gabrielle. L'abbé gardait le silence; mademoiselle Armantine était plongée dans la lecture d'un roman de chevalerie, et cherchait dans les aventures héroïques d'Amadis et de Galaor une diversion aux malheurs présents. — Ah! se disait-elle avec amertume, où sont-ils, ces chevaliers galants et valeureux? Ce n'est pas de leur vivant qu'on se fût permis de violer mon domicile et de déchirer mes plus belles parures.

— De temps en temps elle interrompait sa lecture, et adressait à l'abbé quelques paroles qui pouvaient passer pour une provocation; mais l'abbé répondait à peine. Enfin elle ferma son livre, le posa brusquement sur la table, et se tournant vers l'abbé :

— Eh bien! lui dit-elle d'une voix aigre-douce, avais-je tort de blâmer le choix de mon frère? Voyez les beaux fruits de ce mariage que vous avez voulu, qu'Hector, à coup sûr, n'eût pas fait sans vos conseils! A vous entendre, mademoiselle de Presmes était le modèle accompli de toutes les grâces, de toutes les vertus, et la voilà qui depuis huit jours court le pays, sans même se soucier de nous donner de ses nouvelles! Si l'on m'eût écoutée, tout irait bien autrement. Ce n'est pas madame de Presmes qui aurait laissé partir Hector. Elle eût trouvé, pour le retenir, des paroles sans réplique, un sourire vainqueur auquel il n'aurait pu résister. C'était là une femme, une femme charmante, et qui savait comment les hommes se tiennent en lesse. Enfin, monsieur l'abbé, elle n'était pas de votre goût. Pour vous plaire, il faut de grands yeux noirs tournés vers le ciel, un air rêveur, un caractère bizarre, des sentiments étranges, un langage d'oracle. La marquise n'avait rien de tout cela; elle ne devait pas vous plaire.

— Il est vrai, mademoiselle, que je ne l'ai jamais aimée, répondit l'abbé d'un air sombre. Mon cœur ne m'avait pas trompé : plût à Dieu qu'Hector ne l'eût jamais connue ! Le jour où vous l'avez conduit chez elle pour la première fois fut un jour fatal.

— Oui, dit mademoiselle Armantine, car c'est chez elle qu'il a connu Gabrielle.

— Ce n est pas de Gabrielle que je veux parler, répliqua vivement l'abbé.

— Et de qui donc, je vous prie? demanda mademoiselle Armantine avec aigreur.

L'abbé secoua la tête et retint sur ses lèvres le trait prêt à partir.

— Qu'est-ce qu'une femme, poursuivit mademoiselle Armantine avec dédain, qui, après quelques mois de mariage, quand la lune de miel s'achève à peine, inspire à son mari le désir de faire un voyage de trois ans aux grandes Indes? Étrange fantaisie! vous en conviendrez, monsieur l'abbé. Ce n'est pas près de madame de Presmes qu'une pareille idée eût germé dans la tête d'Hector.

— Mademoiselle, répliqua gravement l'abbé, quoi que l'avenir puisse réserver à votre frère, bénissez le ciel de n'avoir pas permis qu'il épousât la marquise de Presmes.

— Mais, enfin, mon frère peut revenir

d'un moment à l'autre. S'il arrive avant le retour de madame de Valcreuse, quand il demandera sa femme, que lui répondrons-nous ?

Et comme l'abbé se taisait, Irène, blessée dans son affection, prit la parole, et s'adressant à mademoiselle Armantine :

— Nous ne saurons comment expliquer son absence ; mais en quelque lieu qu'elle se trouve, Gabrielle est toujours digne de lui.

— Vous en parlez bien à votre aise, ma chère petite ; je veux croire que vous avez raison.

— N'en doutez pas, Mademoiselle, repartit avec feu Irène ? chez qui la tendresse dominait la jalousie, n'en doutez pas. Je connais ma cousine ; c'est déchirer mon cœur que douter du sien.

— Bien, mon enfant, bien, dit l'abbé ; vous êtes un noble cœur.

— Où est-elle, cependant ? que fait-elle ? poursuivit mademoiselle Armantine du ton de l'ironie. Je connais la bienfaisance de ma belle-sœur, mais je ne puis croire qu'elle ait passé au chevet d'un malade tout le temps de son absence.

— Mon Dieu, reprit Irène, qui nous dit que sa vie n'est pas en danger ? En ces temps de trouble et de malheurs, qui nous dit qu'elle n'est pas tombée dans quelque piège infâme ? Pourquoi l'accuser, quand nous avons tant de raisons de trembler pour elle ?

En parlant ainsi, elle cherchait tout à la fois à excuser sa cousine et à rassurer son propre cœur.

— Bien, mon enfant, répéta l'abbé lui prenant les mains. Vous défendez l'absente : Dieu, qui sait ce qui se passe au fond de votre âme, Dieu vous récompensera.

Mademoiselle Armantine qui, malgré ses travers, avait un excellent naturel, regretta les paroles amères qui lui étaient échappées, et se prit à trembler pour les jours de sa belle-sœur. La conversation qu'elle n'attisait plus s'éteignit d'elle-même : Irène retomba dans ses réflexions jalouses, et l'abbé reprit le cours de sa triste rêverie.

La bise soufflait au dehors. La pluie fouettait les vitres ; on entendait les aboiements plaintifs des chiens qui se répondaient de ferme en ferme. Dans le salon tout était lugubre. La lampe pâlissait ; la braise était consumée ; le grillon chantait dans les fentes de l'âtre.

Tout à coup les chiens de chasse, le cou tendu, les naseaux ouverts, se dressèrent sur leurs jarrets; l'abbé, mademoiselle Armantine et Irène se levèrent tous trois en même temps.

Une voiture venait de s'arrêter à la porte. Ils avaient entendu le hennissement des chevaux, le fouet du postillon. Etait-ce Gabrielle? Etait-ce Hector? Si c'était Gabrielle, quelle joie! Si c'était Hector, que lui répondre!

La lourde porte du château tourna sur ses gonds massifs, une berline s'arrêta au pied du perron, et le nom d'Hector de Valcreuse monta dans une immense rumeur.

A ce nom, répété de bouche en bouche,

ils se regardèrent avec épouvante et comme scellés sur place. Aucun des trois n'osait affronter la colère de cet homme et marcher au devant de lui.

Au bout de quelques instants, le pas d'Hector retentit dans l'escalier.

— Nous sommes perdus! s'écrièrent-ils.

Et ils baissèrent le front, comme si l'éclair, déchirant la nue, leur eût annoncé la foudre qui allait éclater sur leurs têtes.

XI

La porte du salon s'ouvrit, et M. de Valcreuse entra, ayant à son bras Gabrielle. Un cri d'étonnement et de joie les accueillit. Mademoiselle Armantine se jeta dans les bras d'Hector, Irène couvrit Gabrielle de baisers et de larmes. L'abbé, ne sachant s'il devait en croire ses yeux, les regardait avec attendrissement, et attendait, pour embrasser Hector, que mademoiselle Armantine se fût dégagée de l'étreinte de son frère. Les serviteurs qui avaient suivi M. de Valcreuse jusqu'au salon, se tenaient dans l'antichambre et assistaient à cette scène touchante. Quand les premiers transports furent un peu calmés, et que les questions commencèrent à se presser sur les lèvres d'Irène et de mademoiselle Armantine, M. de Valcreuse ouvrant à deux battants la porte qui était restée entr'ouverte :

— Approchez, mes enfants, dit-il aux serviteurs émus. Vous n'êtes pas de trop dans cette fête de famille.

Et comme Irène et mademoiselle Armantine entouraient Gabrielle, et lui demandaient, d'un ton de doux reproche, comment elle avait pu se décider à partir sans leur dire adieu, sans les avertir, sans leur laisser tout au moins quelques lignes pour les rassurer; Hector prit la parole, et d'une voix calme et grave, de façon à être entendu de tous :

— Ne la grondez pas; que tous les cœurs redoublent autour d'elle d'amour et de respect. Je venais de débarquer à Brest, ne sachant pas ce qui se passait en France. J'avais trouvé la ville en feu. Mon amour pour le roi n'était ignoré de personne; mon nom suffisait pour me désigner à la haine du parti vainqueur. Sur la dénonciation d'un misérable, j'étais cité devant le tribunal révolutionnaire. Au milieu des dangers qui me menaçaient, c'est à vous tous que je pensais. Je vous ai envoyé un exprès, mon cher abbé; je vous demandais des nouvelles de ma famille; quand il est arrivé au château, Gabrielle veillait seule. Dans son inquiétude, elle a ouvert ma lettre, et, apprenant que ma vie était en péril, sans hésiter, sans prendre le temps de vous avertir, elle est partie au milieu de la nuit pour venir me retrouver. Elle a partagé tous mes dangers; tant que ma tête a été menacée, elle est restée près de moi, elle a refusé de me quitter. Ne la grondez pas; serrez-vous autour d'elle avec amour, avec respect, elle a fait plus que son devoir.

Tandis que M. de Valcreuse parlait, Gabrielle tremblante, baissait les yeux, et, toute confuse, cherchait à se dérober aux regards attendris. Irène, mademoiselle Armantine, tous les serviteurs acceptèrent, sans hésiter, comme vraie, l'explication de l'absence de Gabrielle, donnée par M. de Valcreuse. La parole d'Hector suffisait pour lever tous les doutes ; et d'ailleurs comment auraient-ils pu ne pas croire ce qu'il disait? Ce généreux mensonge n'était-il pas plus vraisemblable que la vérité? L'abbé seul, muet et pensif, contemplait Hector avec admiration et le remerciait du regard. Malgré sa sagacité, il ne pouvait deviner comment les choses s'étaient passées ; mais il comprenait pleinement que Gabrielle n'était pas allée au devant de M. de Valcreuse. Rosette, confondue dans la foule des serviteurs, voyait tout, écoutait tout, d'un air demi-curieux, demi-railleur. De temps en temps ses yeux se portaient avec tristesse sur Gabrielle; tout en se réjouissant de la revoir, la petite bohémienne semblait s'apitoyer sur son retour précipité.

Madame de Valcreuse, brisée par la fatigue et l'émotion, honteuse du rôle auquel la condamnait la générosité de son mari, s'arracha aux témoignages d'admiration et de tendresse qu'elle savait bien ne pas mériter; elle se retira dans sa chambre où Irène l'accompagna. Quand elles furent seules, Irène, dans un élan de joie et de reconnaissance, se jeta au col de Gabrielle et la tint longtemps embrassée. Ce n'était pas seulement la présence de sa cousine retrouvée qui la rendait si joyeuse, c'était surtout le bonheur de croire qu'elle n'était pas partie avec M. de Kernis. Gabrielle s'était assise ; Irène se mit à ses pieds sur le tapis, et posant sa tête sur ses genoux :

— Pardonne-moi, lui dit-elle d'une voix suppliante.

— Te pardonner, chère enfant! que veux-tu que je te pardonne? Si quelqu'un ici a besoin de pardon, ce n'est pas toi.

— Oh! tu ne sais pas à quel point je suis coupable.

— Toi coupable, Irène! dit madame de Valcreuse s'inclinant et la baisant au front.

Quelle faute si grave as-tu commise? Qu'as-tu à te reprocher? Parle, mon enfant, je n'ai pas le droit d'être sévère; tu peux compter sur mon indulgence.

— Eh bien! reprit Irène en rougissant, il est un secret que jusqu'ici je ne t'ai pas confié, que tu as deviné peut-être, et que pourtant je veux te dire. J'aime M. de Kernis. Je l'aime depuis le jour où je l'ai vu pour la première fois. Comment cet amour est-il éclos, a-t-il grandi dans mon cœur? Je n'en sais rien moi-même. C'est la douleur, c'est la jalousie qui me l'a révélé. J'ai compris que je l'aimais, le jour où j'ai cru deviner que c'était toi qu'il préférait.

— Eh bien! mon enfant, dit Gabrielle

qui se sentait mourir de confusion, est-ce donc là un si grand crime? N'es-tu pas jeune? n'es-tu pas belle? n'es-tu pas libre? ne peux-tu pas disposer de ton cœur et de ta main?

— Oh! ce n'est pas tout, répondit Irène. Il me reste encore un aveu à te faire; celui-là est le plus douloureux, le plus pénible; promets-moi de ne pas m'en vouloir.

— Va, je te pardonne d'avance.

— Si tu pouvais deviner ce que j'ai à te dire, peut-être ne me promettrais-tu pas si résolument ton pardon. Et pourtant la seule manière d'expier ma faute est de la confesser tout entière. Pardonne-moi, Gabrielle. Tandis que tu te dévouais pour M. de Valcreuse, tandis que tu allais le retrouver au péril de ta vie, je t'accusais.

— Tu m'accusais! reprit Gabrielle d'une voix tremblante.

— Oh! pardonne-moi, prends pitié de mon égarement. J'ai tant souffert! tu étais partie le même jour que M. de Kernis...

— Eh bien?... demanda Gabrielle éperdue

— Eh! bien, dit Irène à voix basse, en cachant sa tête dans le sein de sa cousine, eh bien! j'ai cru que vous étiez partis ensemble.

— Va, mon enfant, va, je ne t'en veux pas. Aimons-nous comme par le passé, aimons-nous plus que jamais; plus que jamais j'ai besoin de toute ta tendresse.

Quand Irène se fut retirée, madame de Valcreuse demeura longtemps à la même place, repassant dans sa tête brûlante tous les évènements qui s'étaient accomplis dans le court espace d'une semaine. L'épreuve qu'elle venait de traverser n'était pas faite pour l'encourager, pour la pousser plus avant dans la voie de la passion. Gabrielle avait fait quelques pas à peine dans cette voie périlleuse, et elle revenait les pieds meurtris. Longtemps elle resta plongée dans une sombre méditation. Un feu vi pétillait dans l'âtre; la lampe suspendue au plafond éclairait la chambre d'une douce lueur. Les rideaux étaient fermés; tout, dans cet asile, respirait le calme et le recueillement. Peu à peu, l'âme orageuse de Gabrielle s'apaisa. Sa pensée se reporta doucement sur l'accueil empressé qu'elle venait de recevoir. Elle se rappela, avec une confusion mêlée d'attendrissement les larmes joyeuses des serviteurs qui l'avaient crue morte. Elle releva la tête, et, comme si elle fût sortie d'un rêve, promena ses regards autour d'elle. Elle revit son lit où, plus d'une fois, dans une nuit d'insomnie, elle avait accusé le sort, et, comparant les ennuis qu'elle trouvait alors si amers aux angoisses poignantes qu'elle venait de subir, elle se dit qu'elle avait été ingrate envers sa destinée. Elle revit ses livres, fidèles compagnons de sa solitude, confidents de ses larmes et de ses défaillances, qui l'avaient plus d'une fois consolée, qui plus d'une fois avaient relevé son courage, et, comparant ces heures studieuses au trouble, à l'épouvante qui venaient de sillonner sa vie, elle éprouva, dans toute sa plénitude, le sentiment de délivrance qui avait déjà effleuré son cœur, lorsqu'elle avait vu se perdre dans la brume la chaloupe qui emportait M. de Kernis.

Son âme était si lasse, ses membres étaient tellement brisés par la fatigue, elle avait vu face à face tant de périls et de catastrophes, que la certitude du repos suffisait maintenant à son bonheur. Elle marchait à pas lents dans sa chambre, caressant d'une main charmée tous les objets qui l'entouraient. Depuis l'heure de son départ, tant de choses s'étaient passées dans sa vie qu'elle croyait revenir après une longue absence. Elle s'endormit doucement, au bruit joyeux de la flamme dont les lueurs capricieuses couraient sur les fleurs des rideaux et sur les rosaces du tapis. Elle était chez elle ; demain, en se réveillant, elle verrait Irène à son chevet, et des visages amis s'épanouiraient à son approche. Elle s'endormit doucement, au milieu de ces pensées, n'ayant plus la force de se souvenir du passé ni de prévoir l'avenir.

M. de Valcreuse était resté au salon avec sa sœur et avec l'abbé. Les joies de la famille tenaient peu de place dans ces temps désastreux ; la conversation roula bientôt tout entière sur les évènements politiques. Hector, dont le calme et la sérénité ne se démentirent pas un seul instant, interrogea l'abbé sur l'état du Bocage et sur la disposition des esprits. Il s'étonna que la province ne se fût pas soulevée en apprenant la captivité du roi ; que les chefs des grandes familles ne se fussent pas concertés, et demeurassent inactifs au fond de leurs châteaux. Il blâma hautement le parti de l'émigration. Ce n'est pas, disait-il, en quittant la France, que la noblesse peut la servir. Il blâma énergiquement les princes de n'être pas restés près du trône. Il pressentait la résistance que la Vendée devait opposer aux principes républicains; il prévoyait que les seigneurs, bon gré malgré, seraient tôt ou tard entraînés par les paysans et obligés de prendre les armes. Dans un langage rapide, animé, il esquissait à grands traits le plan de cette campagne qui devait étonner l'Europe, et qu'un grand capitaine a nommée une guerre de géants.

Il s'exprimait avec tant d'élévation, tant de clarté, il expliquait et il ordonnait ses pensées avec tant de précision, le sujet qu'il traitait paraissait tellement absorber toute son attention, et, quand par hasard le nom de Gabrielle revenait dans la conversation, il témoignait pour sa femme tant de déférence, que l'abbé lui-même finit par croire qu'il avait dit la vérité. Tandis qu'Hector parlait, l'abbé le regardait avec curiosité, avec étonnement.

— Il est impossible, se disait-il à lui-même, que je ne me sois pas trompé. Son visage serait-il si calme, si son âme était déchirée? Si le déshonneur était dans sa famille, se préoccuperait-il à ce point de la chose publique? S'il avait un outrage à venger, dresserait-il des plans de campagne? Tout à l'heure, mademoiselle Armantine a prononcé le nom de M. de Kernis, cet hôte fatal envoyé par madame de Presmes, et pourtant Hector n'a pas tressailli. Il a donc reconnu l'injustice de ses soupçons, il est donc sûr du cœur de Gabrielle? Dans cet homme qu'il m'ordonnait de chasser ou de tuer, il ne voit donc plus un rival? Madame de Valcreuse, par son dévouement, aura su imposer silence à sa jalousie. Et moi qui l'accusais, moi qui la croyais égarée, perdue sans retour! Moi qui, même en la voyant au bras de son mari, doutais encore de son innocence!

En poursuivant le cours de ses réflexions, l'abbé n'avait pas cessé d'observer Hector, et, de plus en plus rassuré par la sérénité, par le sang-froid de M. de Valcreuse, il ne doutait plus que Gabrielle n'eût été en effet retrouver son mari à Brest. Déjà, au fond de son cœur, il remerciait la Providence : M. de Kernis était sauvé, Gabrielle était pure, Hector était de retour. La paix et le bonheur étaient rentrés au château; il ne lui restait plus qu'à prier pour la paix et le bonheur de la France.

Malgré la joie que lui causait la présence de son frère, mademoiselle Armantine écoutait d'une oreille assez distraite la conversation engagée entre M. de Valcreuse et l'abbé. D'ailleurs la nuit était avancée, et la journée avait été assez remplie d'émotions pour que la bonne demoiselle eût besoin de repos. Elle avait essayé à plusieurs reprises, mais toujours vainement, de changer le cours de l'entretien; désespérant d'y réussir, elle prit congé de son frère, et M. de Valcreuse resta seul avec l'abbé.

Il écouta le bruit des pas qui s'éloignaient, il entendit les portes s'ouvrir et se fermer l'une après l'autre, puis, lorsque tout fut rentré dans le silence, lorsque le château tout entier fut devenu muet, il se leva, et, l'œil étincelant, la bouche frémissante, le front sillonné d'éclairs :

— Malheureux ! s'écria-t-il d'une voix tonnante, en laissant tomber sur l'abbé un regard écrasant. C'est donc ainsi que vous m'obéissez ! c'est donc ainsi que vous m'aimez ? Que vous ai-je écrit ? qu'avez-vous fait ? L'avez-vous chassé ? l'avez-vous tué ? Malédiction sur votre lâcheté ! Savez-vous où j'ai trouvé ma femme ? Croyez-vous stupidement qu'elle soit venue à Brest au-devant de moi ? Le croyez-vous ? êtes-vous assez insensé pour le croire? Croyez-vous qu'elle ait quitté sa maison, seule, au milieu de la nuit, par dévoûment pour son mari? Ils partaient, ils fuyaient ensemble, et pour que mon déshonneur ne fût pas public, pour que mon nom ne fût pas livré à la risée, il a fallu que je revinsse à point nommé du fond de l'Inde. Ils partaient, ils fuyaient ensemble, et si la tempête ne les eut jetés entre mes mains, si la tempête, plus jalouse que vous de mon honneur, n'eût brisé le navire qui les emportait, à cette heure ils seraient heureux dans les bras l'un de l'autre, ils se railleraient de moi, ils défieraient ma colère, ma vengeance ne pourrait les atteindre. Parlez, répondez : si j'eusse tardé d'un jour, que trouvais-je en franchissant le seuil de ma porte? un toit déshonoré.

En parlant ainsi, il marchait à grands pas dans le salon, tandis que l'abbé, pâle, consterné, muet, le suivait d'un œil effaré, et baissait la tête dès qu'il rencontrait son regard.

— La mer me les a livrés, et je n'ai pas pu me venger. Il était là, je le tenais sous ma main, et je n'ai pas pu le tuer. Depuis un an j'avais soif de son sang; devant moi, sous mes yeux, elle lui a tendu la main, et je ne l'ai pas tué! mais il ne sera pas toujours proscrit, nous nous retrouverons, et je le tuerai. Elle! je l'abandonne à ses remords. Si je l'ai ramenée, c'est pour accomplir jusqu'au bout le serment que j'ai fait à Dieu. J'ai juré de la protéger; eh bien! ai-je trahi mon devoir? Ne l'ai-je pas sauvée de la honte et du malheur, de la honte et du désespoir? Je lui ai rouvert cette maison qu'elle avait fuie lâchement et qui devait lui être fermée à jamais. Je lui ai rendu sa place à mon foyer. Mon rôle est fini, Dieu n'a plus rien à me demander.

En achevant ces derniers mots il tomba épuisé sur un siége, le front baigné de sueur : des larmes de rage s'échappaient de ses yeux.

L'abbé se leva, fit quelques pas, et prenant dans ses mains les mains de M. de Valcreuse :

— Mon enfant, lui dit-il, tu as bien souffert, mais ton rôle n'est pas fini : il te reste à pardonner.

FIN DU DEUXIÈME VOLUME.

ROMANS

DE

George Sand.

Le Meunier d'Angibault.	3 in-8	22 50
Teverino.	2 in-8	15 »
La Mare au Diable.	2 in-8	15 »
Lucrezia Floriani.	2 in-8	15 »

Jules Sandeau.

Catherine.	2 in-8	15 »
Milla et Marie.	2 in-8	15 »
Fernand.	1 in-8	7 50

SOUS PRESSE.

La Peau de Tigre, par *Théophile Gautier.* 2 vol. in-8.
Le Piccinino, par *George Sand.* 2 vol. in-8.
Or et Fer, par *Félix Pyat.* 2 vol. in-8.
L'Étoile d'Orient, par Mme la Comtesse *Dash.* 2 vol. in-8.

EN VENTE.

Les Vierges Folles.	1 vol. in-32.	1 fr.
Les Vierges Martyres.	1 vol.	»	1 »
Les Vierges Sages.	1 vol.	»	1 »

SCEAUX. — IMPRIMERIE DE E. DÉPÉE.

www.ingramcontent.com/pod-product-compliance
Lightning Source LLC
Chambersburg PA
CBHW071250160426
43196CB00009B/1237